ERLESENES AUS RHEINHESSEN.
BÜCHER, SCHREIBER, BIBLIOTHEKEN

Erlesenes aus Rheinhessen

Bücher, Schreiber, Bibliotheken

Herausgegeben von
Stephan Fliedner, Silja Geisler-Baum,
Ingrid Holzer und Angelika Schulz-Parthu

LEINPFAD
VERLAG

Veröffentlichungen der Bibliotheken der Stadt Mainz

Herausgegeben von der Landeshauptstadt Mainz
Band 57

Festschrift für Michael Real

© Leinpfad Verlag
Frühjahr 2010

Umschlag: kosa-design, Ingelheim
Layout: Leinpfad Verlag, Ingelheim
Druck: TZ Verlags- & Print GmbH, Roßdorf

Leinpfad Verlag, Leinpfad 5, 55218 Ingelheim,
Tel. 06132/8369, Fax: 896951
E-Mail: info@leinpfadverlag.de
www.leinpfad-verlag.de

ISBN 978-3-942291-11-8

INHALT

Stephan Fliedner

VORWORT

Der hiermit der Öffentlichkeit übergebene Band über Rhein-hessens Lese-, Schreib- und Buchkultur hat mehrere Urheber, viele Unterstützer und zwei Ursachen.

Zum einen war es unser Wunsch, die unterschiedlichen und sehr facettenreichen Aktivitäten rund um das Schreiben und Publizieren, das Sammeln und Wiederfinden von Literatur in und über die Region Rheinhessen gut verständlich und inter-essant darzustellen. Folglich geht es um Autoren und Biblio-graphen, um Sammlungen und Sammler und um die Nutzung und den Genuss all dieser kulturellen Vielfalt direkt vor unserer Haustür.

Zum anderen soll auf diese Weise ein Mainzer Bibliothekar gewürdigt werden, der wie kaum ein zweiter über lange Jahre hinweg genau dieses Feld nachhaltig und wirkungsvoll bestellt hat.

Michael Real, dessen Verab-schiedung in den Ruhestand vom Erscheinen dieses Bu-ches begleitet wird, ist ein wissenschaftlicher Bibliothe-kar der alten Schule auf dem Stand der Zeit. Dies drückt sich in umfassender fachli-cher und Allgemeinbildung aus – und in der Fähigkeit, eine vielschichtige Universal-bibliothek in allen denkbaren

Funktionen zu begleiten und weiterzuentwickeln. Ein starker, selbstbewusster Charakter mit wohltuend unaufgeregtem, sehr menschlichem Einschlag. Ein Rheinländer. Ich habe ihn als kompetent erlebt und allem gegenüber offen – sofern es denn richtig ist –, mit hohem Anspruch an sich und andere, dabei pragmatisch, wenn Anforderung und Ideal einmal nicht identisch sind. Zwei recht lange Phasen als kommissarischer Leiter der Mainzer Bibliotheken hat er mit gerade diesen Eigenschaften zum Wohle des traditionsreichen Hauses an der Rheinallee gemeistert.

Aufgrund seines besonderen Verdienstes um die Wissenschaftliche Stadtbibliothek Mainz wie auch für die in ihr verkörperte Regionalbibliothek für Rheinhessen widme ich dieses Buch Herrn Michael Real zur Festschrift.

Mainz, im April 2010
Dr. Stephan Fliedner
Direktor der Bibliotheken der Stadt Mainz

Volker Gallé

GRABUNGEN IN HIMMEL UND ERDE.
Rheinhessische Literatur von Hildegard von Bingen bis Heinz G. Hahs

Obwohl der Himmel über der baumarmen und trockenheißen Hügellandschaft Rheinhessens weit ist, verleitete er die Autoren der Region nur selten zu blauen Träumen. Der Blick haftete mehr an der Erde. Geistesblitze kamen und kommen als Wortwitz zur Welt, etwa wenn der dichtende Binger Notar Hermann Josef Faber (1767 – 1851) Kaiser Franz II. im Jahr 1816 auf die politisch motivierte Frage, welcher Geist unter dem Volk herrsche, verschmitzt geantwortet haben soll, in Bingen herrsche gar kein Geist, nur der Weingeist. Die Tarnung des Eigensinns im doppelbödigen Humor wird in der Saalfastnacht des Vormärz von der zweiten zur ersten Haut regionaler Mentalität, erst recht nach der verlorenen Revolution von 1849 und der Emigration ihrer führenden Köpfe, und ist es bis heute geblieben: Aus Camouflage ist Identität geworden.

Die Festlegung des Rheins als politische Grenze bzw. deren Überschreitung hat die Geschichte Rheinhessens seit der Römerzeit geprägt. Der Wechsel von Krisen- und Blütezeiten, von Kern- oder Randlagen spiegelt sich auch in der Literaturgeschichte. Die Spätantike mit der missglückten Reichsgründung der Burgunder im 5./6. Jahrhundert ist verarbeitet im seit 2009 zum Weltdokumentenerbe gehörenden Nibelungenlied (um 1200) und seiner Schilderung vom Untergang des hochmittelalterlichen Wormser Hofes. Im 11./12. Jahrhundert liegt die Landschaft dagegen im Zentrum des auch in Italien und Burgund herrschenden Reichs der Salier- und Stauferkaiser. Die in Bermersheim bei Alzey geborene Mystikerin Hildegard von Bingen (1098 – 1179) imaginiert einen von Gott geordneten

9

Kosmos, in dem Himmel und Erde sich durchdringen. Neben ihren spirituellen und naturkundlichen Werken hat sie auch 77 religiöse Lieder geschrieben, u. a. das *Lob der Schöpfung*:

„O wahrer Gott, welche große Geheimnisse
hast du in deinen Geschöpfen gestaltet und
dem Menschen, deinem großen Kunstwerk, untergeordnet.

Du hast die Kräfte deiner Allmacht schöpferisch entsandt;
du hast das herrliche Dach mit seinen Fenstern,
das Firmament mit seinen Leuchten, geschaffen.

An ihm hast du die Sonne festgemacht,
die mit ihrem Licht alles über der Erde
und unter der Erde erleuchtet.“

Der Minnesänger Friedrich von Hausen (1150 – 90) vermittelt, angeregt auf Reisen im Gefolge seines Lehensherrn Barbarossa, die romanische Troubadourlyrik in den rheinischen Minnesang. Bis zu den Kreuzzugspogromen von 1096 gelten die Talmudhochschulen in Mainz und Worms als prägend für die schriftliche Überlieferung des westeuropäischen Judentums. Der staufische Chronist Otto von Freising rühmt den Mittel- und Oberrhein als Kraftzentrum des Reiches und als Landschaft der Fülle, reich an Wein, Korn, Wild und Fisch.

An der Schwelle zur Neuzeit macht die Reformation Mainz und Worms zu bedeutenden Orten der Druckkunst. Im Volksbuch des *Hürnen Seyfrit* wird die Siegfriedsage überliefert und während der Wormser Synagogendiener Juspa Wundergeschichten vom Rhein niederschreibt, profiliert sich der in Worms geborene Meistersinger Hans Folz (1435 – 1513) in Nürnberg nicht nur als Neuerer seiner Zunft, sondern auch als Vertreter eines literarischen Antijudaismus. Im 17. Jahrhundert entvölkern zwei europäische Kriege das alte Rheinfranken, zerstören die alten Städte und machen die frühere Kernlandschaft des Reiches zu einer Randprovinz und zum Zankapfel im nationalen Streit zwischen Frankreich und Deutschland. Drei der Aufklärung verpflichtete Brüder der aus Herrnsheim stammenden Familie von Dalberg prägen Ende des 18. Jahrhunderts die Landschaft: Karl Theodor als Erzbischof von Mainz und später als Fürstprimas des Rheinbundes, Wolfgang Heribert als Gründer des Mannheimer Nationaltheaters und Förderer Schillers und Johann Hugo, ein Freund Herders, als Komponist und Musikschriftsteller. Die Zeit des Rokoko und ihre höfische Hinwendung zur Empfindsamkeit in der Schäferdichtung haben in Rheinhessen mit dem in Worms geborenen Pfarrer Johann Nikolaus Götz (1721 – 81) und dem Badenheimer Bauerndichter Isaak Maus (1748 – 1833) zwei unterschiedliche Autoren hervorgebracht. Der traditionelle Anakreontiker Götz empfiehlt seinem Schüler Maus, den Bauernstand zu verlassen und seine Talente weiter auszubilden. Maus aber lehnt das ab und ihm gelingen gerade dadurch heute noch gut lesbare Verbindungen von empfindsamer Naturschilderung und bäuerlicher Alltags- und Lebensart. In dem Gedicht *Das wahre Landleben* schreibt er:

„... mir lastet Madame Geschäftigkeit
mit schweren Ballen den schwachen Rücken.
Schon im Erwachen der holden Frühlingszeit
befiehlt sie die Felder mit Dung zu beschicken,
zu wühlen mit Pflug und Grabescheit,
des Weinstocks Ranken hübsch zu beschneiden,
die Gräben und Bäche mit Pappeln und Weiden
neu zu bepflanzen und auszubessern den Damm.“

In mehreren Texten ruft er „Mutter Erde“ an und zeichnet seine Idyllen mit frei schlagenden Wachteln und blütenüberstreuten Bäumen als „mütterliches Land“. Das war es wohl

Ludwig Kalisch (1814 – 1882). Stadtarchiv Mainz

auch, was Goethe am Binger Rochusfest so begeisterte: die Fülle der Natur und die Gastfreundlichkeit feierfreudiger Menschen: „Hier beherrscht ein gesundes Auge die mannigfaltigste, fruchtbarste Gegend, bis zu dem Fuße des Donnersbergs, dessen mächtiger Rücken den Hintergrund majestätisch abschließt. Nun wurden wir aber sogleich gewahr, daß wir uns dem Lebensgenusse näherten. Ein willkommener Geruch gebratenen Fettes drang uns entgegen. Beschäftigt fanden wir eine junge tätige Wirtin, umgehend einen glühenden, weiten Aschenhaufen, frische Würste – sie war eine Metzgerstochter – zu braten. Auch wir, mit fetter, dampfender Speise nebst frischem, trefflichen Brot reichlich versehen, bemühten uns, Platz an einem geschirmten langen, schon besetzten Tische zu nehmen. Freundliche Leute rückten zusammen, und wir erfreuten uns angenehmer Nachbarschaft." Maus resümiert im *Bauern-Lied*, „Güter für die Seelen" seien in den Bauernhütten unbekannt, statt nach der Weisheit von Minervas Eule strebe man lieber nach dem Schmaus einer fetten Gans. Hier klingt er an, der Pragmatismus der Aufklärung, der sich bis in den alltäglichen Spott der Gegenwart zieht und den Geist vom Sockel holt, vom Kopf auf die Füße stellt. Schärfer als Isaak Maus hat das der in Wendelsheim geborene Schriftsteller Friedrich Christian Laukhardt (1757 – 1822) in seiner Auseinandersetzung mit Schillers Idealismus formuliert, wenn er schreibt, der hungrige Bauch habe keine Ohren.

Die Generation um 1800 erlebt die Zugehörigkeit zum napoleonischen Frankreich und die Zuordnung zum Großherzogtum Hessen-Darmstadt im Jahr 1816. Man arrangiert sich, das revolutionäre Denken geht in den Untergrund, verbirgt sich – frei nach Hölderlin – im Schoß der Mutter Erde. Dichter von Freiheitsliedern wie Friedrich Lehne (1771 – 1836) werden vergessen und tauchen als Bibliothekar und Altertumsforscher wieder auf. Gleiches gilt für die jakobinischen Abgeordneten der Mainzer Republik im französischen Nationalkonvent, Georg Forster und Adam Lux. 1848 bricht der jugendliche Freiheitswille noch einmal auf, in den Zeitungsartikeln von Ludwig Bamberger (1823 – 99), später Reichstagsabgeordneter der Freisinnigen und Mitbegründer der Deutschen Bank, und besonders in den Satiren von Narrhallaredakteur Ludwig Kalisch (1814 – 82), später Korrespondent der *Gartenlaube* in Paris und London, beide heute weitgehend vergessen, ebenso wie zahlreiche politische Meinungsführer ihrer Zeit in der Region, die nach der verlorenen Revolution 1849 nach Nordamerika emigrieren mussten.

In den Jahren der beginnenden Moderne, von 1880 bis zum Ende der Weimarer Republik 1933, hat die Grenzlandschaft im Westen des Kaiserreiches die meisten Autoren von Rang hervorgebracht. Auch sie haben sich alle an der ihnen in die Wiege gelegten Fülle der Schöpfung abgearbeitet. Carl Zuckmayer (1896 – 1977) aus Nackenheim/Mainz schreibt in seiner Autobiografie mit Blick auf seine Geburtsheimat am Rhein: „Im Strome sein, heißt, in der Fülle des Lebens stehn." Hier werde die Kommunikation der Weltteile hergestellt und die Mischung der Kulturen bringe das Beste hervor, was Menschen leisten könnten. Trotz seiner großen Theatererfolge wird „Zuck", der auch in Berlin, in Österreich, in Vermont und in der Schweiz ein Zuhause fand, nach seinem Tod zur Seite geschoben, ins Provinzielle. Er schrieb und trieb eben nicht im Mainstream von neuer Sachlichkeit, setzte Lebensphilosophie gegen den reduzierten Aufklärungsbegriff der skeptischen Generation nach 1945. Georg K. Glaser (1910 – 95) aus Guntersblum/Worms, der vor den Nazis nach Paris flüchten muss, ist bis heute ein Geheimtipp geblieben, mit einem eigensinnigen, selbstgezimmerten Schreibstil, der mitten in der Gewalt das Geheimnis der Schöpfung dem Geheimnis der Macht gegenüberstellt. Und die Büchnerpreisträgerin Elisabeth Langgässer

(1899 – 1950) aus Alzey, die sich für den heutigen Leser allzu sehr im Labyrinth von Mythologie und Christologie verfangen hat, misstraut der Fülle des Lebens in dieser heidnischen Landschaft, hat Angst vor dem Verlust des Himmelslichtes. Stefan George (1868 – 1933) aus Bingen-Büdesheim mauert sich in seinem Glaspalast der Ästhetik ein und pflegt mit kalter Begeisterung einen totgesagten Park. Nur die Kommunistin Anna Seghers (1900 – 83), der man ihre in vielen Texten nachweisbare Heimatliebe aus ideologischen Ressentiments wohl am wenigsten zutrauen würde, kommt letztlich in der politischen Realität der Lager ihrer Zeit an. *Das siebte Kreuz* von 1942 ist der bleibende Exilroman über den NS-Terror am Rhein und anderswo. Als Konsequenz für ihr politisches Bekenntnis muss sie – nicht nur in Ostberlin – die stalinistische Maske tragen lernen. Vieles gibt heute eher den Außenseitern und Provinzlern recht, die eigene Wege gegangen sind. Bei allen Autoren finden sich schließlich typisch rheinhessische Mischungen, jüdisch-katholische, jüdisch-kommunistische oder französisch-rheinische. Ihre geistigen Hauptstädte waren München, Berlin und Paris. Der in Framersheim geborene Neoromantiker Karl Schloß (1876 – 1944) gibt im Piper-Verlag den ersten Münchner Almanach heraus, noch vor dem *Blauen Reiter*; er wird im KZ Auschwitz ermordet. Peter Bender (1893 – 1943) aus Bechtheim/Worms, der zur Szene der „Inflationsheiligen" anfangs der zwanziger Jahre gezählt wird und an den heute vergessenen Bemühungen des Bundes rheinischer Dichter (1926 – 33) teilnimmt, stirbt im KZ Mauthausen.

Literaturgeschichtlich gesehen ist Rheinhessen in hohem Maß eine Landschaft vergessener Autoren, die auf ihre Wiederentdeckung warten: der Satiriker Johann Konrad Schiede (Ensheim/Alzey), der Erzähler Wilhelm Holzamer (Nieder-Olm), der katholische Publizist Carl Muth (Worms), der Glossenschreiber Richard Kirn (Worms), der Erzähler Nikolaus Schwarzkopf

Anna Seghers (1900 – 1983). Stadtarchiv Mainz

(Ockenheim) und die Lyrikerin Anne Marx (Worms) etwa. Aber auch die hier ansässigen Autoren der Gegenwart sind häufig einem breiten Publikum unbekannt. Heinz G. Hahs (geb. 1934) lebt in Mainz; der Joseph-Breitbach-Preisträger von 1993 ergrübelt in seinen Texten vorzugsweise den Sprachsinn. 2007 konnte man im Mainzer Kulturtelefon hören: „So sind wir Suchende. Kreuz und quer trippelt er vor sich hin, hängenden Hauptes. Oder er versenkt seinen Kopf in den Wäschepuff, zwängt ihn unters Bett, klemmt ihn hinter die Schrankwand. Frag ihn nicht; er sucht das Weite." Monika Böss (geb.1950) lebt in Mörsfeld und beschreibt in ihren „Heimatromanen" in gekonnt harmlosem Ton Neid, Eifersucht und andere bösartige Störungen des Alltags. Ror Wolf (geb. 1932) kam über Frankfurt nach Mainz und ist in der Radiokunst und im Sprachspiel zu Hause. Seine unter dem Pseudonym Raoul Tranchirer erschienenen modernen Balladen, die einen surrealen Blick auf den Alltag werfen, haben ihn einem überregionalen Liebhaberpublikum vertraut gemacht. Einem breiten Publikum bekannt dagegen ist Hanns-Josef Ortheil (geb. 1951), der in Mainz aufgewachsen ist und heute in Stuttgart lebt. Trotz einiger Mainztexte sind seine Romane und Erzählungen ebenso wie das Werk des Kabarettisten Hanns-Dieter Hüsch (1925 – 2005) nicht an die Region gebunden.

Das zeigt schließlich, dass das Raster einer regionalen Literaturgeschichte immer auch unpassend ist. Was gibt den Ausschlag für die Autorenauswahl? Der Geburtsort, der Wohnort, die literarischen Themen, eine gern zu beheimatende Prominenz, eine kulturhistorische Färbung – es ist von all dem etwas, zum einen weil auch Individuen nicht ohne Verortungen auskommen und zum andren weil sich regionale Mentalität häufig in Texten spiegelt, ganz gleich ob man als Autor ein Eingeborener, ein Zugereister oder ein Durchreisender ist. Und da kann man feststellen, dass die Spannung zwischen einer eher südlichen Fülle und einem eher nördlichen Kältemoment nüchternen Spotts Rheinhessen prägt, dazu eine immer neue Verschiebung vom Fokus der Geschichte an seinen Rand und eine damit zusammenhängende Welle von Vergessen und literaturarchäologischer Grabung. Lange Zeit war der Mut zu neuen Entwürfen zu vermissen. Es wäre der Himmel auf dem Land neu zu entdecken, das Nomadische mit dem Bäuerlichen zu vermischen, kurz: Man könnte den Gang an der Grenze bewusst aufnehmen. Dann würde Provinz erneut literarisch fruchtbar.

Lars-Erik Bohmbach

UM KEIN BUCH VERLEGEN.
Ein Blick auf die rheinhessische Verlagsszene

Die rheinhessische Verlagslandschaft blüht bunt. Dutzende kleiner und großer Verlage haben hier Wurzeln geschlagen und wachsen zufrieden bis hinaus in die weite Welt. Sechs ausgewählte Repräsentanten werden nachfolgend vorgestellt.

EIN STÜCK MUSIKGESCHICHTE: DER VERLAG SCHOTT MUSIC

Wir schreiben das Jahr 1770: Das Wunderkind Wolfgang Amadeus Mozart reist mit seinem Vater durch Italien, das Jahrtausendgenie Ludwig van Beethoven wird in Bonn geboren und der Kupferstecher Bernhard Schott gründet im kurfürstlichen Mainz ein kleines Musikalienzentrum, das als Musikverlag große Geschichte schreiben wird. Heute, 240 Jahre nach Gründung, gehört Schott Music mit 250 Mitarbeitern in weltweit zehn Niederlassungen zu den wichtigsten und ältesten Musikverlagen überhaupt. Der breit gefächerte Verlagskatalog reicht von Aufführungsmaterial für Oper und Konzert über Urtextausgaben, Studienpartituren, Musikbücher und Fachzeitschriften bis hin zu Tonträgern, DVDs und Multimediaprodukten. Das Repertoire richtet sich an Laien und Profis, an Kinder und Erwachsene, an Schüler und Lehrer, an Leser und Musikhörer. Strategische Partnerschaften mit bedeutenden Musikverlagen wie Boosey & Hawkes in England oder People's Music Publishing House in China erweitern das Spektrum der eigenen Produktpalette. Tochterfirmen wie die verlagseigene Druckerei und Herstellung Wega-Verlag agieren international und übernehmen auch Aufträge anderer Musikverlage. Das in Mainz-Hechtsheim stationierte Logistikunternehmen mds – music distribution services lagert über 130.000 Titel in über 10 Millionen Exemplaren und versendet sie auf Wunsch in alle Welt.

Das alles ist Ergebnis einer Unternehmung, die über sieben Generationen gewachsen ist. Es war zehn Jahre nach der Gründung, im Jahr 1780, als der fortschrittlich arbeitende Lithographiedrucker Bernhard Schott vom Kurfürsten Friedrich Karl Joseph von Erthal das „privilegium exclusivum" erhielt und damit die juristische Voraussetzung für den wirtschaftlichen Erfolg als „Hofmusikstecher". Rasch wuchs das Unternehmen. 1792 baute Bernhard Schott das klassizistische Verlagshaus im Herzen der Mainzer Altstadt, das, nach und nach erweitert, bis heute der Hauptsitz des Unternehmens ist. Bereits in der zweiten Generation gründeten Bernhards Söhne Zweigstellen in Brüssel, Wien, London, Paris und Leipzig. Hervorragende Musikerpersönlichkeiten gingen im Verlagshaus ein und aus: Ludwig van Beethoven ließ seine weltberühmte neunte Sinfonie von Schott verlegen; Richard Wagner vertraute seinem Verleger Franz Schott, dem Enkel des Gründers, die *Meistersinger von Nürnberg*, den *Ring des Nibelungen* und *Parsifal* an.

Franz Schott hatte keine Nachkommen. Durch Vermittlung des Großherzogs übernahm der Darmstädter Jurist Ludwig Strecker im Jahre 1874 die Leitung des Verlages. Dessen Söhne wiederum, Ludwig und Willy, konzentrierten sich verstärkt auf die Herausgabe zeitgenössischer Musik. Komponisten wie Igor Strawinsky, Paul Hindemith und Carl Orff wurden im Verlag heimisch. Für Dr. Peter Hanser-Strecker, Repräsentant der vierten Strecker-Generation, war es schon früh klar, dass er einst in die Fußstapfen seines Großvaters treten würde. „Als ich sechs Jahre alt war, hat mich mein Großvater gefragt, ob ich Musikverleger werden wolle. Da hab ich ‚ja' gesagt; nichts ahnend, was das eigentlich ist", erinnert sich der heute geschäftsführende Gesellschafter zurück. Bereut hat er seine Entscheidung nicht: „Es ist der schönste Beruf, den man sich vorstellen kann". Unter seiner Führung fanden viele herausragende Komponisten wie György Ligeti, Toru Takemitsu, Dieter Schnebel, Peter Eötvös oder Jörg Widmann den Weg zu Schott Music.

Einen Hauptakzent legt Hanser-Strecker auf musikpädagogische Themen. Durch Gründung des Instituts für elementare Musikerziehung (IfeM) und der Music Academy for Generations sowie durch Unterstützung von Aktionen wie Jedem Kind ein Instrument und Herausgabe frühpädagogischer Publikationen setzt sich der Verleger intensiv dafür ein, den Zugang zur Musik und zum Erlernen eines Instruments zu erleichtern. Eine 2010 entstehende Hörakademie soll das praktische musikalische Verständnis fördern. Als Mitbegründer der Strecker-Stiftung ist der Verleger stets darum bemüht, den besonderen Wert von Musik im kollektiven Bewusstsein zu verankern: „Die aktive Beschäftigung mit Musik sollte die Menschen lebenslänglich begleiten."

Eine Reise durch die Zeit: Der Verlag Philipp von Zabern

Ein Blick in die Publikationen von Philipp von Zabern erscheint wie ein Blick in den Spiegel längst vergangener Zeiten. *Hieroglyphen ohne Geheimnis, Ärzte in der Antike* oder *Aufbruch in die Gotik* sind nur drei der etwa 3000 Titel, die der weltweit führende Fachverlag für Archäologie, Kunst- und Kulturgeschichte seit 1960 veröffentlicht hat. Darunter befinden sich mehr als 150 historisch und archäologisch fundierte Ausstellungskataloge, die dem Mainzer Verlag über die nationalen Grenzen hinaus zu Bekanntheit und Anerkennung verhalfen.

Den Beginn der zunächst über 200 Jahre langen Verlagsgeschichte markiert Theodor von Zabern, indem er 1802 die wirtschaftlich schwache Universitätsbuchdruckerei seines Arbeitgebers, Andreas Crass, übernimmt. Die Archäologie findet auf bemerkenswerte Weise den Weg ins Verlagsprogramm. So erschien 1803, als eine der ersten Publikationen unter Zabern überhaupt, der zweite Band über *Die alte Geschichte von Mainz*, ein historisches Werk zu den römischen Anfänge der Stadt. Bald 30 Jahre schlummerte die Arbeit des Benediktinerpaters Joseph Fuchs unvollendet und unbemerkt im Buchlager der übernommenen Druckerei. Erst 1798 wird die Schrift wieder entdeckt, ergänzt und fünf Jahre später von Theodor von Zabern veröffentlicht.

Auch in der gesellschaftskritischen *Mainzer Zeitung* las man zwischen 1812 bis 1851 immer wieder vereinzelte archäologische Aufsätze, die stets einen regionalen Bezug hatten. Unter der Leitung von Victor von Zabern, Theodors jüngstem Sohn, entsteht 1844 eine enge Zusammenarbeit mit dem frisch gegründeten Mainzer Altertumsverein, wodurch der Archäologie ein fester Platz im Verlagsangebot gesichert wird. Als der heutige Verlagsnamensgeber, Philipp von Zabern, 1879 die Geschäfte seines Vaters Victor übernimmt, verlegt sich der thematische Schwerpunkt der Publikationen vorübergehend auf das Thema Wein. Ein lebendiges Anzeigengeschäft in der eigenen Zeitschrift *Weinbau und Weinhandel* stärkt dem Verlag finanziell den Rücken. Im ersten Weltkrieg setzt die Produktion weitestgehend aus. Notgelddrucke im Auftrag der Stadt Mainz lassen das Geschäft überleben. Philipp von Zabern hat keine Nachkommen. Druck und Verlag gehen in die Hände seiner Schwester, Anna Benndorf, die das Unternehmen bald verkauft. 1929 erwirbt Franz Rutzen (sen.) den Zaberndruck.

Nach Zerstörung des Verlagshauses und der Druckmaschinen im Zweiten Weltkrieg erholt sich Philipp von Zabern nur langsam. Franz Rutzen (jun.) ist es, der ab 1960 frischen Wind in das Haus bringt und den Verlag klar im Markt positioniert. Seit 2005 gehört Philipp von Zabern der Wissenschaftlichen Buchgesellschaft in Darmstadt an. Der Verlag zog im Juli 2005 aus Platzmangel samt seiner 16 festen Mitarbeiter vom Philipp-von-Zabern-Platz in der Innenstadt hinauf in die Mainzer Oberstadt. Die Druckerei ist mittlerweile verkauft und das Verlagsprofil geschärft. Das Angebot spaltet sich in ein streng wissenschaftliches Segment (zu den größten Auftraggebern gehört hier beispielsweise das Deutsche Archäologische Institut) und eine semipopuläre Sparte. Rund hundert Neuerscheinungen bringt Philipp von Zabern jährlich auf den Markt und täglich drängen neue Manuskripte auf den Schreibtisch der seit 2001 leitenden Geschäftsführerin, Annette Nünnerich-Asmus. Das Auswahlverfahren ist streng. Neben einer Sichtung durch die promovierte Archäologin Nünnerich-Asmus und das interne Lektorat erreichen die infrage kommenden Manuskripte einen hochkarätigen wissenschaftlichen Beirat, der die inhaltliche Richtigkeit überprüft. „Erst wenn sich alle einig sind: Ja! Das ist ein guter Inhalt! – dann wird das Buch produziert", unterstreicht Annette Nünnerich-Asmus den besonderen Qualitätsanspruch von Philipp von Zabern. Für die Zukunft will die Verlegerin sich auf veränderte Lesegewohnheiten einstellen und den Zugang zur Archäologie für ein breites Publikum weiter erleichtern. In diesem Zusammenhang erscheinen seit 2007 im Hause Zabern mit wachsendem Erfolg historische Romane. Ferner soll im Internet eine neue Informationsplattform entstehen, um einen aktuellen Informationsfluss zu gewährleisten. Das gilt insbesondere für das Angebot der hauseigenen Zeitschrift *Antike Welt*, die 2009 im 40. Jahrgang erschien und 2010 als eJournal erscheinen wird.

AUS LIEBE ZUR KULTUR: DIE WERNERSCHE VERLAGSGESELLSCHAFT
Nicht weit von der Wormser Liebfrauenkirche entfernt ist sie zu Hause: die Wernersche Verlagsgesellschaft. 1978 von zwei Kunstwissenschaftlern in Stuttgart gegründet, zog der Verlag Anfang 1982 in die Domstadt am Rhein. Über 500 veröffentlichte Bücher und Zeitschriften mit kulturwissenschaftlichen Themen von Architektur bis Musikwissenschaft füllen inzwischen die wandhohen Regale der Bibliothek und beweisen

die Liebe der Verleger zu ihrem Fach und ihrer Arbeit. Cirka zwanzig Publikationen bringt der Verlag mittlerweile jährlich auf den Markt. Neben Dutzenden Denkmaltopographien von Städten und Landkreisen, die im Auftrag der Ämter für Denkmalpflege in Brandenburg, im Rheinland und in Rheinland-Pfalz entstehen, enthalten die Regale bunt bebilderte Kataloge großer Kunstausstellungen, z. B. über Ottweiler Porzellan des 18. Jahrhunderts, den von Augsburg nach Chile ausgewanderten Maler Moritz Rugendas oder Karl-Otto Goetz. Auch Monographien, wie die über Wilhelm Lehmbruck, der Architekturführer zu den rheinhessischen Weinbergshäusern von Wolfgang Bickel oder monumentale Wissenschaftswerke wie die wunderschön aufgemachten Bände zum Garten in Bomarzo von Horst Bredekamp und zur *Bürgerlichen Villa in Deutschland* von Wolfgang Brönner zieren die Bücherwand.

In Kennerkreisen berühmt geworden ist die Wernersche Verlagsgesellschaft durch die eigens entwickelte *Grüne Reihe*. Weltweit einzigartige Gärten und Grünanlagen, wie der New Yorker Central Park, werden hier genauso unter die Lupe genommen wie theoretisch-philosophische Zusammenhänge, z. B. zwischen *Gartenkultur und Nationaler Identität*, oder die Arbeiten bedeutender Gartenkünstler wie Humphry Repton. Begonnen hatte die Reihe mit einem Faksimile des am Anfang des 17. Jahrhundert erschienenen Werkes von Salomon des Caus über den Hortus Palatinus, den Garten des Heidelberger Schlosses. Bände über den bedeutendsten deutschen Gartentheoretiker Christian Cay Lorenz Hirschfeld, über *Die Ruine im Landschaftsgarten*, über den französischen Maler und Gartenkünstler Hubert Robert etc. folgten. Mittlerweile erfreuen sich die Liebhaber der Gartenkunst an bald dreißig Bänden der *Grünen Reihe*.

Gärten- und Parkanlagen sind auch Gegenstand einer von insgesamt drei verlagseigenen Zeitschriften, die unter dem Namen *Die Gartenkunst* erscheint. Seit 1989 wird zweimal im Jahr ein fester Abonnentenkreis, der bis nach Japan und Malaysia reicht, in vier Sprachen mit internationalen Gärten und Parks, Gedanken zu Naturdenkmälern bis hin zu Problemen des Gartendenkmalschutzes vertraut gemacht. Ganz neu erscheint seit 2009 die Zeitschrift *Insitu* (lat. für „An Ort und Stelle"), die sich mit architektonischen Themen und Problemstellungen von der Antike bis zur aktuellen Diskussion, etwa um den Wiederaufbau des Berliner Stadtschlosses, befasst. Außerdem veröffentlicht der Verlag eine spezielle Zeitschrift für Restauratoren, die *Zeitschrift für Kunsttechnologie und Konservierung*.

Ein weiteres Feld der Verlagstätigkeit ist die klassische Archäologie mit prächtigen Bänden z. B. über die Großbronzen aus Herculaneum und Pompeji, Landschaftsdarstellungen in der antiken Dekorationskunst oder die Ausgrabungen in Naukra tis. Noch relativ neu ist die verlegerische Beschäftigung mit der Musikwissenschaft. Hier erschienen zeichensetzende Werke über Richard Wagners *Ring*, über die historische Aufführungspraxis des Belcanto und den weltbekannten Kammersänger und Wagner-Interpreten Franz Mazura. Auch einige Audio-CDs aus eigener Produktion sind im Angebot.

Heute hat die Wernersche Verlagsgesellschaft ein Profil entwickelt, das fernab jeglicher Trends liegt, dafür spezielle Aspekte der Kultur- und Kunstwissenschaft qualitativ hochwertig aufbereitet und so das Interesse einer kleinen, aber leidenschaftlich interessierten Leserschaft bedient.

VERLEGERIN ZWISCHEN DEN WELTEN: DER VERLAG DONATA KINZELBACH
Als Donata Kinzelbach 1987 ihre Arbeit aufnahm, hätte sie es nicht für möglich gehalten, einst zur bundesweit führenden Verlegerin für maghrebinische Belletristik zu werden. „Ich habe das anfangs als Scherz betrieben und hätte nie realistisch gedacht, dass es ein Lebenswerk werden würde", erinnert sich die studierte Literaturwissenschaftlerin zurück. Mittlerweile

sind im Kinzelbach Verlag mehr als 100 Bücher aus und über die nordafrikanischen Maghreb-Länder, Algerien, Marokko und Tunesien, erschienen. Hier wie dort gilt Donata Kinzelbach als kulturelle Persönlichkeit von außergewöhnlicher integrativer Bedeutung. Für ihre Verdienste um die literarische Verständigung zwischen den Ländern bekam sie 1999 das Bundesverdienstkreuz am Bande und 2000 den Muhammad-Nafi-Tschelebi-Friedenspreis verliehen.

Anders als oft angenommen, entwickelte sich ihre verlegerische Vorliebe für Maghreb-Literatur nicht von der Liebe zu den Ländern hin zur Liebe an der Literatur, sondern umgekehrt, von einem Faible für die Bücher hin zu einem Interessen an der Wirklichkeit hinter den Geschichten. Ihr erstes Buch *Geschichte meines Lebens* von Fadhma Aith Mansour Amrouche, war bereits in Frankreich ein Bestseller und wurde auch hierzulande zum regelrechten Renner. Bestätigt durch den Erfolg tauchte die Verlegerin ein in die fiktive Welt des Maghreb und ist seitdem unentwegt auf der Suche nach literarischen Perlen. „Ich habe dann Stück für Stück gesehen, was es für verlegerische Arbeit gibt. Ich hatte ein Spektrum im Kopf, dass ich dem deutschen Publikum zugänglich machen wollte".

Mittlerweile ist der Kinzelbach Verlag die wichtigste deutsche Anlaufstelle für Autoren aus dem Maghreb geworden. Ununterbrochen flattern neue Manuskripte talentierter Schreiber in den Briefkasten des Gonsenheimer Wohn- und Verlagshauses. Darunter auch die gesellschaftskritische Erzählung *Der Stern von Algier* von Aziz Chouaki, die zur Zeit des algerischen Bürgerkriegs spielt. Das Buch erzählt vom Leben in einer korrupten Welt, wo Träume bald in Trümmer liegen und Menschen in Verzweiflung handeln. Es ist die Geschichte des talentierten Musikers Moussa Massay, der darum kämpft, der Michael Jackson von Algerien zu werden und dabei in tiefe Abgründe der menschlichen Seele sehen muss. Ebenso spannende Unterhaltung verspricht der Roman *Gestrandet* von Youssouf

Elalamy, der von marokkanischen Bootsflüchtlingen erzählt. Neben dem Publizieren belletristischer Literatur, versucht Donata Kinzelbach mit Sachbüchern wie *Die Geschlechterordnung in Nordafrika*, gezielt auf Problematiken im Maghreb aufmerksam zu machen. Seit 2000 baut die Verlegerin zudem kontinuierlich ihr einsprachiges Schulbuchangebot für den Französisch-Unterricht aus. Die Schilderung einer marokkanischen Jugend in Europa (*Mimi und Aïcha*) wurde sogar von der belgischen Bildungsministerin für die dortigen deutschen Schulen angekauft.

Dank eines geschickt geknüpften Kommunikationsnetzes werden Kinzelbachs Bücher immer wieder von wichtigen Feuilletonisten, wie denen der *Neuen Züricher Zeitung* oder in Literatursendungen des Südwestrundfunks oder dem Deutschlandradio Kultur, besprochen und gelobt. Zu ihren derweil 31 Autoren gehören schriftstellerische Größen wie Ben Jalloun, Abdelhak Serhane oder Rachid Boudjedra, mit denen sie seit Jahren freundschaftlichen Kontakt pflegt. Gemeinsam mit einem bewährten Team aus Übersetzern und dem Schweizer Cover-Gestalter Beat Albrecht hat sie es zwischenzeitlich geschafft, über zwanzig Nachdrucklizenzen an größere Verlage wie Suhrkamp zu verkaufen. Durch den Erfolg ermutigt, veröffentlicht Kinzelbach auch immer wieder wichtige, wenn auch kommerziell weniger viel versprechende Bücher und Lyrikbände. Obwohl ein Großteil ihrer Leserschaft in den Metropolen Deutschlands und Europas zu finden ist, lebt und arbeitet Donata Kinzelbach gerne in der rheinland-pfälzischen Landeshauptstadt.

DIE SCHÖNSTEN BÜCHER DER WELT: DER VERLAG HERMANN SCHMIDT
Blätter so dünn wie die Flügel eines Schmetterlings, ein Reiseführer zum Umhängen, Glasplatten im Einband. Für Karin und Bertram Schmidt-Friderichs, die Köpfe des Mainzer Verlages

Hermann Schmidt, sind der Phantasie keine Grenzen gesetzt. Mit viel Liebe zum Detail verbinden die Eheleute gemeinsam mit jungen und renommierten Autoren Form und Inhalt ihrer Bücher zu ästhetisch vollendeten Einheiten, die das Lesen schon beim Aufschlagen zu einem Erlebnis machen. Seit der Gründung im Jahr 1992 erhielt der Fachverlag für Typografie und Grafikdesign über 150 nationale und internationale Preise, welche die Publikationen als die schönsten der Welt auszeichnen. Darunter der Innovationspreis des deutschen Buchhandels für *Pachanga – Grafikdesign – Inspirationen aus dem cloud forest* von Belén Mena, und zahlreiche Medaillen des Art Directors Club (ADC). „Wir versuchen jedes Buch als Individuum zu betrachten", schildert Karin Schmidt-Friderichs ein Geheimnis ihrer hervorragenden Arbeiten.

Als weiblicher Teil des Führungsteams ist sie zuständig für Öffentlichkeitsarbeit, Kontakte und den Vertrieb der Bücher. „Ich habe mir alle Kompetenzen angeeignet, die mein Mann nicht hatte", erzählt die studierte Architektin, die sich in Seminaren und Fortbildungen fehlendes Marketing- und Verkaufswissen aneignete und in der Praxis heute anwendet. Mit Erfolg, wie die Zeit beweist. Mittlerweile ist der Verlag Hermann Schmidt im Bereich Typografie und Grafikdesign marktführend im deutschsprachigen Raum und verkauft weltweit Lizenzen für den Nachdruck seiner Publikationen. Die Bücher selbst obliegen Bertram Schmidt-Friderichs. Er ist derjenige, der in der Regel darüber entscheidet, welche Gestalt ein Buch letztlich erhalten soll. Gemeinsam mit den Autoren sucht er nach echten Kapitälchen, entwirft innovative Layouts und wählt passendes Papier. Im Schnitt erreichen ihn und seine Frau täglich ein bis zwei Manuskripte und Ideen, wovon im gegenseitigen Einvernehmen etwa 25 im Jahr tatsächlich als einzigartige Erzeugnisse der eigenen Druckerei im Verlag verwirklicht werden.

Die Druckerei, die heute mit technologisch höchstwertigen

Maschinen arbeitet, verdankt das Ehepaar Schmidt-Friderichs dem Talent und Fleiß des Namenspatrons, Hermann Schmidt. Es war in den 50er Jahren, als der Unternehmer Dr. Hanns Krach, auf der Suche nach einem geeigneten Nachfolger für seine Mainzer Druckerei, zur Meisterschule nach München kam und dort durch Empfehlungen der Lehrenden auf Hermann Schmidt aufmerksam wurde. Die beiden harmonierten auf Anhieb und kamen ins Gespräch. Bereits 1959 erwirbt Hermann Schmidt die Druckerei im Gewerbegebiet von Mainz-Hechtsheim und macht sich bald einen Namen mit der Herausgabe vielseitiger Auftragsarbeiten; unter anderem für die Stadtverwaltung und die Universität. 1986 steigt Hermann Schmidts Sohn, Bertram Schmidt-Friderichs, in das Unternehmen ein. Zwei Jahre arbeiten beide noch Seite an Seite, dann übergibt Hermann Schmidt seinem Sohn die alleinige Verantwortung für die Führung der Druckerei.

Das erste typografische Buch, *Schriften erkennen* von Hans Peter Willberg, erscheint 1989 und bildet den Auftakt einer erfolgreichen Geschichte. 1992 ist es dann so weit: Vom Erfolg ermutigt, beginnen Karin und Bertram Schmidt-Friderichs gezielt an einer Vision zu arbeiten und Gründen den Verlag Hermann Schmidt. „Es war ein Traum und nichts weiter", erinnert sich Karin Schmidt-Friderichs. Mittlerweile haben die Eheleute über 250 reale Bücher veröffentlicht. Darunter auch Dauerbrenner wie *Kribbeln im Kopf* von Mario Pricken, das bereits in der 10. Auflage vertrieben wird. Aber auch junge und noch unbekannte Autoren bekommen bei Hermann Schmidt eine Chance. In enger Zusammenarbeit mit dreißig Fachhochschulen in Deutschland verwandeln sich originelle Abschlussarbeiten von Design-Studierenden in preisgekrönte Hardcover aus dem Hause Hermann Schmidt. „Das sind für uns die größten Erfolge, wenn unsere jungen Autoren Preise gewinnen", schwärmt Karin Schmidt-Friderichs, als sie über das vom ADC mit Silber ausgezeichnete Buch *Gringografico* von Benjamin Bartels und Maximilian Kohler erzählt. Über Mainz als Verlagsstandort sagt Karin Schmidt-Friderichs: „Hier sind wir glücklich und zufrieden".

DER REGION VERSCHRIEBEN: DER LEINPFAD VERLAG IN INGELHEIM

Rezepte von der Mosel, Erinnerungen aus Bad Kreuznach oder Gänsehaut bei der Lektüre von Essenheimer Mordgeschichten. Der Leinpfad Verlag mit Sitz in Ingelheim hat sich ganz der Region verschrieben. Für die Gründerin, Angelika Schulz-Parthu, war es ein großer Schritt in eine ungewisse Zukunft, als sie sich 1997 dazu entschloss, einen eigenen Verlag zu gründen. Motiviert durch Begegnungen mit erfolgreichen Kleinverlegern auf der Mainzer Minipressen Messe und geleitet durch ein langes und inniges Verhältnis zu Büchern, gab sich die studierte Germanistin selbst die Chance. Sie ließ sich für ein Jahr von ihrem damaligen Arbeitgeber, dem Städel-Museum in Frankfurt, beurlauben und hörte in sich hinein: „Man muss sich erlauben zu denken, ja, ich könnte einen Verlag gründen. Das ist eigentlich die größte Hürde".

Ihre erste Publikation war die Neuauflage gesammelter Expeditionsberichte des Ingelheimer Ornithologen Carlo von Erlangen, der Ende des 19. Jahrhunderts nach Tunesien und Äthiopien aufgebrochen war, um später seine Beobachtungen unter dem blumigen Titel *Wie ein Blick in die Lande eines schöneren Eden* zu veröffentlichen. „Das war gleich der erste Flop", erinnert sich die Verlegerin zurück. Aussichtsreicher erschien die Herausgabe eines Fotobandes mit alten Ingelheimer Bildern. Historische Aufnahmen vom Leben in Mainzer Stadtteilen, Bingen und anderen Ortschaften schlossen an den Erfolg an. Mit zunehmender Aufmerksamkeit verfolgte die 1950 als Flüchtlingskind aus Pommern zugezogene Ingelheimerin das lokale Geschehen. Langsam entwickelte Angelika Schulz-Parthu ein Gespür für lesenswerte Themen aus der Region, wobei sie bei dem Erschließen neuer Sachgebiete oft lange die Chancen und Risiken gegeneinander abwägen musste: „Die ersten Bücher eines jeden Gebiets waren ganz, ganz schwere Entscheidungen, die mir Kopf- und Bauchschmerzen bereitet haben."

Die Bedenken sollten verschwinden, als es ihr gelang, ein Kochbuchkonzept mit rheinhessischen Rezepten, trotz der starken Konkurrenz durch große Kochbuchverlage, erfolgreich durchzusetzen. „Wir haben kompromisslos auf die Regionalität gesetzt", erklärt die Verlegerin. Inzwischen haben Wein und Essen einen festen Platz im Verlagsprogramm eingenommen: In der *Lust auf …*-Reihe werden Rezepte aus jeweils einem Weinanbaugebiet durch entsprechende Weinempfehlungen ergänzt. Auch das Kinderbuch *Kalle im Wingert*, das von der Arbeit im Jahresablauf auf einem Weingut erzählt, und die in Ingelheim spielende Geschichte über *Die gerettete Ente* stellten sich als Erfolge heraus.

Nach über zwölf Jahren anspruchsvoller Pionierarbeit ist die Quereinsteigerin routinierter und sicherer geworden. Ihr Programm entwickelte sich ständig weiter und durch soziale Netzwerke ist sie gut eingebunden. Der regionale Bezug wurde zu einem bezeichnenden Charakteristikum des Leinpfad Verlags. Es folgten Wander- und Ausflugsführer von Stadt und Land sowie Fotobände der schönsten Flecken in Rheinhessen und Umgebung, Portraits wichtiger regionaler Persönlichkeiten und Kulturanthropologisches wie zum Beispiel zur Mainzer Fastnacht oder zu spezifisch Rheinhessischem. Regional bedeutende Autorenpersönlichkeiten wie der Dichter Volker Gallé und die Mundartkünstlerin Hildegard Bachmann sind im Leinpfad Verlag heimisch geworden. Der Mainzer Nahost-Experte Johannes Gerster sowie die Mainzer Fastnachtsikone, die Sängerin und Schauspielerin Margit Sponheimer, haben ihre Autobiographien dem Verlag anvertraut. Etwa 130 Bücher hat Angelika Schulz-Parthu bisher veröffentlicht und jedes Jahr kommen zwischen 12 und 17 Neuerscheinungen hinzu. Lange musste die Verlagsgründerin darauf warten, bis sie endlich auch das reizvolle Genre der Regionalkrimis bedienen konnte. Erst mit *Stille Wasser mahlen langsam* von Antje Fries erreichte den Verlag ein Manuskript, das Schulz-Parthu als gut genug erachtete, um im Jahr 2005 verlegt zu werden. Publikum und Presse zeigten sich begeistert. Mittlerweile gehören die Krimis zu ihrer erfolgreichsten Sparte. Die drei Weinkrimis des Winzers Andreas Wagner erreichten zusammen eine Auflagenhöhe von über 30.000 Stück. Der Erfolg seines literarisches Debüts *Herbstblut* sprengte die regionalen Grenzen: Der Piper Verlag erwarb die Taschenbuchlizenz für das Werk. Überhaupt ist es die Absicht von Angelika Schulz-Parthu, die neben drei Teilzeitmitarbeiterinnen eine Volontärin beschäftigt, geographisch weiter zu expandieren, wobei sie stets darum bemüht sein wird, die besondere Nähe zur Region zu wahren: „Es ist die Nähe zu Autoren, Lesern und Themen, die so unheimlichen Spaß macht."

Wolfhard Klein

RHEINHESSEN LIEST UND MÖRDERISCHES RHEINHESSEN ALS NEUE LITERARISCHE VERANSTALTUNGSREIHEN

Zwei Literaturprojekte haben in den vergangenen Jahren einen festen Platz im kulturellen Leben der Region erobert: *Rheinhessen liest* und *Mörderisches Rheinhessen*.

Zuerst entstand die Reihe *Rheinhessen liest*. Das Konzept für dieses Projekt war im April 2006 schnell geschrieben. Die Region warb mit dem Begriff Kulturlandschaft, mit Weinkultur, Wein und Weinfesten, mit Wander- und Radtourismus, mit Jazz-Veranstaltungen in Worms und Bingen, den Internationalen Tagen in Ingelheim und mit den Nibelungen-Festspielen in Worms. Organisierte Literaturveranstaltungen oder Lesungen gab es nicht; lediglich einen Wettbewerb für Mundartautoren und alle drei Jahre den Literaturpreis des Landkreises Mainz-Bingen.

Dabei gehören rheinhessische Autoren wie Anna Seghers, Carl Zuckmayer und Georg K. Glaser zu den Klassikern der deutschen Literatur. Auch Stefan George aus Bingen und Elisabeth Langgässer aus Alzey haben in der deutschen Literaturgeschichte nachhaltige Spuren hinterlassen. Texte dieser Autoren sind zu wichtig, um in Vergessenheit zu geraten. Und in Rheinhessen leben auch jetzt Dutzende Autorinnen und Autoren, deren Werke Beachtung verdienen und die sich mit regionaler, aber auch überregional anerkannter Literatur bereits einen Namen gemacht haben. Sie schreiben Gedichte, Romane, Krimis und Erzählungen. Die meisten auf Hochdeutsch, einige in Mundart. Die Vielfalt ihres kulturellen Schaffens ist bei allen Autoren untrennbar mit der Landschaft und den Menschen Rheinhessens verbunden. Es lag nah, dieses Potential zu nutzen – im Interesse der Autoren und im Interesse der Region.

Ideen sind gut, wirksam werden sie aber nur, wenn sie aufgegriffen werden. Das haben die Stiftung Kultur im Landkreis, die beiden rheinhessischen Landkreise, die Städte Mainz und Worms, das Rheinhessen-Marketing und die Kreisvolkshochschule in diesem Fall getan. Seit 2007 wird in Rheinhessen in jedem Jahr im November gelesen. Kein Wein, sondern Literatur. Die aber wird in Verbindung mit Wein präsentiert. Die Reihe *Rheinhessen liest* ist das Ergebnis des gelungenen Versuchs, die Kulturlandschaft Rheinhessen und das Kulturgut Wein mit dem in unserer Region so reichlich existierenden Kulturgut Literatur zusammenzubringen. Vielleicht ist es typisch rheinhessisch, dass sich Weingüter und Straußwirtschaften als ideale Orte erwiesen haben, um die Kulturgüter Wein und Literatur zusammenzuführen. Sie bieten optimale Voraussetzungen und in ihrer Vielfalt ein ideales Ambiente, um Leser mit lebenden Autoren und Autorinnen zusammenzubringen oder mit den Texten von „Klassikern" zu konfrontieren.

Es war eine Win-Win-Situation. Autoren haben Texte und Bücher, anspruchsvolle, spannende oder unterhaltsame. Andererseits sind Leseorte und Lesungen jenseits von Büchereien und Buchläden knappe Güter, selbst für Autorinnen und Autoren, die das Privileg haben, in den Feuilletons überregionaler Zeitungen beachtet zu werden. Und Weingüter haben Kunden, also potentielle Leser, die in die Vinotheken, Straußwirtschaften und Gutsschänken kommen. Kunden wollen allerdings gepflegt werden. Sie erwarten mehr als guten Wein und leckeres Essen. Weingüter und Gutsschänken brauchen attraktive Angebote für ihre Kunden und natürlich: neue Kunden.

Die Symbiose funktioniert. Literatur und Wein passen zueinander – Kulturgut zu Kulturgut. Die Reihe begann 2007 mit zehn Lesungen. Fast alle waren ausverkauft. So, wie die 20 Lesungen 2008 und die 22 Lesungen 2009. Autoren, Weingüter und Gastronomen sind zufrieden. Neue Autoren wollen mitmachen, weitere Weingüter fragen an, ob bei ihnen auch gelesen werden kann. Das ist schön, das garantiert die Vielfalt von Orten, Autoren und Literaturgattungen in den kommenden Jahren, aber viel mehr geht nicht, auch wenn es noch „vergessene" rheinhessische Autoren gibt, literarische Schätze, die es zu heben lohnt: bei 25 Veranstaltungen ist Schluss.

Es ist im Lauf der Jahre ein Netzwerk entstanden, das natürlich koordiniert werden muss und ohne die Unterstützung der Landkreise Mainz-Bingen und Alzey-Worms, ohne die Stiftung Kultur im Landkreis und die Kreisvolkshochschule, ohne die Unterstützung der Städte Mainz und Worms nicht vergleichbar handlungsfähig wäre, wie es das zurzeit ist. Denn natürlich braucht man Kenntnisse der Gegebenheiten vor Ort und Kontakte zu Autoren und Weingütern in allen Teilen Rheinhessens, um entscheiden zu können, welcher Autor mit welchem Text an welchem Ort optimal platziert ist. Man braucht Geld für die Bewerbung der Veranstaltungen und für die Honorare der Autorinnen und Autoren. Kleinere Räumlichkeiten sollen als Veranstaltungsorte nämlich nicht ausgeschlossen werden und bei fünf Euro Eintritt wäre manche Veranstaltung zwar für fast alle ein Vergnügen, nicht aber für den Autor, der für seine Arbeit wenigstens das im Literaturbetrieb übliche Mindesthonorar bekommen soll. Damit das funktioniert, springen in solchen Fällen die beteiligten Institutionen ein, mit bescheidenen Mitteln, aber aus gutem Grund, denn eigentlich ist *Rheinhessen liest* sogar ein Win-Win-Win-Projekt. Davon profitieren nicht nur Weingüter und Autoren, sondern die ganze Region. Denn Literatur made in Rheinhessen ist eine ideale Möglichkeit und ein triftiger Grund mehr, die liebenswerte Landschaft und ihre Menschen kennenzulernen. Im November 2010 wird *Rheinhessen liest* in die vierte Runde gehen. Das ist die nächste Gelegenheit, bei einem guten Glas Wein eine literarische Reise durch Rheinhessen zu machen.

Das zweite Erfolgsprojekt resultiert aus einer simplen Erkenntnis. Die lautet: Gemeinsam mordet es sich schöner. Es geht um das *Mörderische Rheinhessen*.

Die Initiative ging 2008 von Gerd Merz in Steinbockenheim aus. Gerd Merz ist der Erfinder der Steuerberaterkrimis und der *Mörderischen Rheinhessen*. Einige der Autorinnen und Autoren kannten sich aus dem Syndikat, das ist die Vereinigung deutschsprachiger KrimiautorInnen. Den Kreis zu vergrößern war leicht, denn Rheinhessen hat die größte Dichte an KrimiautorInnen in ganz Deutschland. Mehr als 20 KrimiautorInnen leben hier oder lassen in Rheinhessen morden. 14 von ihnen haben sich zu den *Mörderischen Rheinhessen* zusammengeschlossen.

AutorInnen sind Individualisten, im Zweifel KonkurrentInnen. Sie organisieren sich folglich nicht gern. Das hält vom Schreiben ab, macht Stress und bringt mitunter Ärger. Kann sein, muss aber nicht, sagen die *Mörderischen Rheinhessen*. Ihr Motto lautet „Gemeinsam mordet es sich schöner". Und tatsächlich: Gemeinsam ist es gelungen, den guten Rheinhessenkrimi zur Marke zu machen. Das Rheinhessische Krimifestival, das 2010 zum dritten Mal stattfindet, hat daran großen Anteil. Das Wochenendfestival, das die AutorInnen jährlich an einem anderen Ort organisieren, nach Steinbockenheim und Oppenheim dieses Jahr in Bingen, ist nicht nur in der jeweiligen rheinhessischen „Krimihauptstadt" interessant. Die Auftaktveranstaltung, die *Mörderische Nacht*, zu der Musik und kriminelle Texte gehören, und die Einzel- und Gruppenlesungen in passendem Ambiente, sind Besuchermagneten. Es funktioniert also: aus eigener Kraft, ohne teuer eingekaufte Stars. Die Presse nimmt die *Mörderischen Rheinhessen*, ihre Veranstaltungen und ihre Bücher wahr (acht neue waren es im vergangenen Jahr), Krimileser kaufen die Anthologie, die jeweils zum Festival erscheint, lesen die Bücher der beteiligten AutorInnen und kommen zu den Veranstaltungen. Die finden allerdings nicht in Büchereien, Buchläden oder Bibliotheken statt. Gelesen wird, wie sich das für Rheinhessen gehört, in Weinstuben und Weingütern. Es ist lebensnah und schaurig schön, Morde und Verbrechen auf rheinhessische Art bei Wein und leckerem Essen zu genießen. In den vergangenen beiden Jahren interessierten sich jeweils rund 1.000 BesucherInnen für literarische Verbrechen in der Nachbarschaft – das Konzept ist aufgegangen.

Zum Festival gehört weiterhin ein mordfreier Kinderkrimiwettbewerb, den die *Mörderischen Rheinhessen*, unterstützt von der *Allgemeinen Zeitung*, veranstalten – mit großer Preisverleihung und viel Vorbereitung, also Anleitung durch die Krimiprofis und fachkundiger Beratung durch Kriminalhauptkommissar Peter Metzdorf. Das ist Lese-, Leser- und Nachwuchsautorenförderung zugleich.

Natürlich muss das alles organisiert werden. Darum kümmern sich die AutorInnen selbst. Es gibt Arbeitsgruppen, schließlich muss jemand die Leseorte aussuchen, die Pressearbeit machen, Sponsoren auftreiben, die *Mörderische Nacht* vorbereiten, die Anthologie herausgeben, die Gruppe koordinieren. Es gibt deshalb zusätzlich zur Gruppenarbeit gemeinsame Treffen. Und immer genug Arbeit für alle 14 Schreibtischtäter. Und natürlich auch Spaß, sonst wäre die Gruppe schon längst auseinandergefallen. Wer bei den *Mörderischen Rheinhessen* mitmachen will, muss mitanpacken. Er oder sie muss außerdem Bücher in einem richtigen Verlag mit professionellem Lektorat (also nicht im Selbstverlag) veröffentlicht haben, einen kriminellen rheinhessischen Kurzkrimi für die Anthologie schreiben, mit Rheinhessen verbunden sein und natürlich: Er/sie muss auch menschlich in die Gruppe passen.

Man weiß ja nie, wie Krimis ausgehen und niemand kann sagen, was aus den *Mörderischen Rheinhessen* wird, aber eine Autorenvereinigung, die drei Jahre lang Literatur nicht nur produziert, sondern erfolgreich und originell präsentiert, bereichert das literarische Leben der Region nachhaltig.

Christian Pfarr

THRILL, KILL, HEIMATIDYLL.
Überlegungen zum aktuellen Boom des Lokal- und Regionalkrimi-Genres

Wie bitte? „Regional"-Krimi? Gibt's denn überhaupt andere? Oder anders gefragt: Ist das London von Sherlock Holmes etwa nicht regional zu verorten, das Südkalifornien von Philip Marlowe nicht in einer überschaubaren Geographie angesiedelt? Ganz zu schweigen von den lebensecht porträtierten Pariser Seitenstraßen und real existierenden französischen Provinzstädtchen, wo Kommissar Maigret seine Fälle löst. In einem Maigret-Roman heißt Bergerac schlicht Bergerac, so wie der Autor eines Aschaffenburg-Krimis seinen Detektiv eben in Aschaffenburg und nicht in einer namenlosen nordbayerischen Kommune ermitteln lässt. Andererseits: Maigret ist Kult, während der Leseimpuls für den Aschaffenburg-Krimi kaum zehn Kilometer hinter dem Ortsschild merklich abflaut. Ungefähr hier beginnt das Einzugsgebiet der nächsten Krimi-Region.

Wo also liegt der Unterschied? Vielleicht kann man, unter Zugeständnis gewichtiger Ausnahmen, folgende Faustregel formulieren: Der moderne Krimi-Klassiker von Simenon bis Mankell richtet die Nahaufnahme auf das handelnde Personal, das in einer nicht zufällig gewählten, aber sich auch nicht in den Vordergrund drängenden regionalen – häufiger allerdings metropolitanen – Kulisse agiert. Dagegen malt der Regional-Krimi neudeutscher Provenienz zunächst einmal ein möglichst detailliertes Landschaftsbild samt Anfahrtsbeschreibung, vor dem mehr oder weniger typisierte Standardcharaktere eine mehr oder weniger vorhersehbare Räuber-und-Gendarm-Geschichte aufführen. Was – man denke beispielsweise an die

Heimatromane von Ganghofer u.a. – durchaus Tradition hat.

Der Katalog der aufzuklärenden Delikte ist so bunt wie das Leben selbst: Organisiertes Verbrechen und lokalpolitischer Filz, Drogendealer und Triebtäter, Mord aus Eifersucht oder Konkurrenzneid, mittelalterliche Weltverschwörung und zeitgenössischer Bankraub versammeln sich gleichberechtigt auf der heimatlich-vertrauten Walstatt, auf der in der Regel mehr als ein Toter zu liegen kommt. Vielleicht überwiegt im taubenzüchtenden, gewerkschaftsnahen und zwischen Meisterschaftsträumen und Abstiegssorgen hin und her gerissenen Ruhrgebiet tendenziell das Motiv des korrupten, über Leichen gehenden Bürgermeisterkandidaten, im Voralpenland dagegen der wegen seines exzessiven und nicht folgenlos bleibenden Doppellebens erpressbare Nobelgastronom – kriminalliterarisch gesehen ist Nord und Süd unterm Strich Jacke wie Hose. Ähnlich das ermittelnde Personal: Polizist, Privatdetektiv, Journalist, in aller Regel geschieden, bluestriefend, des Kochens kundig und desillusioniert, oder aber skurril, versoffen und originell bis der Arzt kommt – in beiden Spielarten jedenfalls betont antiheroisch.

Die Landkarte des Neuen Deutschen Heimatkrimis entspricht annähernd dem politischen Patchwork nach dem Wiener Kongress: neben Freien Reichsstädten (Köln-Krimi, Frankfurt-Krimi) und schmucken Residenzen (Wiesbaden-Krimi, Regensburg-Krimi) tummeln sich jede Menge Duodez-Fürstentümer (Niederrhein-Krimi, Allgäu-Krimi), die sich schließlich in subregionale Ausläufer verästeln (Mittelmosel-Krimi, Rheinhessen-Krimi, Hinterm Deich-Krimi). Die weißen Flecken werden immer weniger, Richtung Osten nimmt die Gemarkungsdichte allerdings auffällig ab. Dafür rücken zunehmend überseeische Kolonien ins Blickfeld (Mallorca-Krimi, Teneriffa-Krimi).

Über die Gründe des seit rund 20 Jahren andauernden Regional-Booms lässt sich munter spekulieren: Aufwertung der Region anstelle der Nation infolge des europäischen Einigungsprozesses? Flucht ins Vertraute als Reflex auf als bedrohlich empfundene Globalisierungstendenzen? Überdruss an der Überflutung durch angloamerikanische Krimi-Muster mit ihrem auf hiesige Verhältnisse nicht übertragbaren Polizei- und Justizsystem?

Als Jacques Berndorf seinerzeit mit seinen Eifel-Krimis reüssierte, stellte sich die Sache noch einfacher dar: Damals war die Eifel – der, so Berndorf, „schönste Arsch der Welt" – gerade nicht heimelig, sondern befremdlich-exotisch, zumindest als Krimi-Schauplatz, und somit das natürliche Kontrastprogramm zu New York, L. A. & Co. Berndorf, mittlerweile Deutschlands erfolgreichster Krimiautor, verbindet in seiner Roman-Serie investigativ-journalistischen Anspruch (am Anfang steht ein Mord, am Ende ist eine Sauerei aufgedeckt) mit unsentimental-liebevoller Landschaftsbeschreibung und der ironisch-verschrobenen Entwicklungsgeschichte eines autobiografisch inspirierten „gebrochenen" Helden. Berndorf hat die Eifel nicht erfunden, nicht einmal den Eifel-Krimi und erst recht nicht den Regional-Krimi als solchen. Aber sein Erfolg hat das heimatliche Mordsding in die überregionalen Bestseller-Listen und schließlich ins Feuilleton gepusht. Der Rest ist Geschichte …

Manch einer hat via Regional-Krimi den Weg zu Bestseller-Auflagen und/oder Kritiker-Ruhm geschafft. Frank Schätzing, Vorreiter und Hauptvertreter des Köln-Krimis zeitgenössisch-realistischer wie historischer Spielart, führt mit seinem global verorteten Umwelt-Thrillern seit Jahren die literarischen Hitlisten an. Die ebenfalls auf mehreren literarischen Feldern aktiven Autoren Jakob Arjouni und Jan Seghers landen mit ihren Frankfurt-Krimis nicht nur im Drehregal der Bahnhofsbuchhandlung, sondern auch auf dem Nachttisch der bildungsbürgerlich geprägten Zahnarztgattin und erreichen ein Publikum, das ansonsten weder dem Genre noch dem Schauplatz nahe steht. Die über die jeweilige Region hinausgreifende Prominenz bleibt freilich die Ausnahme, trotz des – noch – ungebrochenen Verkaufsbooms.

Klar, dass die momentane Goldrausch-Stimmung auch den literarischen B-Kader auf den Plan lockt, das graumäusige Heer der Das-kann-ich-doch-auch-Schriftsteller, von denen ein Dutzend auf ein Lot erzählerischer Originalität und sprachlicher Gestaltungskraft geht. Da spielt ein Nürnberg-Krimi – Vorsicht, Lokalkolorit! – auf dem Christkindlesmarkt; da wird der Schauplatz für die blutige Auseinandersetzung zwischen zwei um die Weltmarktführerschaft konkurrierenden osteuropäischen Mafia-Gruppierungen in eine münsterländische Kleinstadt verlegt; da fertigt eine jugendliche Nonne des 13. Jahrhunderts einen zudringlichen Verehrer mit den Worten „Ey, Alter, du hast wohl einen an der Waffel!" ab. Hauptsache, die Geschichte spielt am Bodensee oder in Trier.

Bleibt, bei aller inflationären Tintenschwemme, das Prinzip Hoffnung: vielleicht – nein: wahrscheinlich! – ist der beste aller Regional-Krimis noch gar nicht geschrieben.

Frank Schmidt-Wyk

„Ein Sprachorgan der Bevölkerung soll und wird sie sein". Die *Allgemeine Zeitung* 1945 bis 2010

Der Neuanfang

Es war eine Zeit, die täglich dramatische Schlagzeilen produziert hätte, doch in Mainz war in den ersten Wochen nach Kriegsende ans Zeitungmachen nicht zu denken. Der Bombenangriff am 27. Februar 1945 hatte von der Innenstadt nicht viel übrig gelassen, vom Gebäudekomplex des Verlags an der Großen Bleiche stand nur noch ein schmales Mittelstück an der Margaretengasse, der Rest des Grundstücks war eine Ruinenlandschaft. Die letzte Ausgabe des *Mainzer Anzeigers* erschien am 19. März, zwei Tage vor dem Einmarsch der US-Truppen – die Mainzer weinten dem Blatt keine Träne nach: 1934 war es zwangsweise Parteiorgan der NSDAP geworden, hatte danach nur noch den Namen gemein mit der 1850 gegründeten Mainzer Traditionszeitung und drosch bis zuletzt leere Propagandaphrasen. Überdies hatten die Menschen ganz andere Sorgen.

Die französische Besatzungsmacht war zwar grundsätzlich nicht abgeneigt, eine Mainzer Tagespresse zuzulassen, doch sah sie die Rahmenbedingungen dafür äußerst skeptisch. Kurz nachdem sie im Juli in der Stadt das Kommando von den Amerikanern übernommen hatten, ließen die Franzosen durch einen Sachverständigen die örtlichen Voraussetzungen für die Gründung einer Zeitung untersuchen, mit niederschmetterndem Ergebnis: „Die Stadt sei eine Stätte der Verwesung, in der man höchstens den Geiern während ihrer Verdauungsphase ein Blatt zur Verfügung stellen könne" – so gab ein Zeitzeuge später das Ergebnis des Gutachtens in freien Worten wieder.

Und doch rührte sich etwas in den Trümmern. Am 1. Mai

Verleger Adolf Fraund (1897 – 1984) baute die Mainzer Verlagsanstalt nach 1945 wieder auf. Stadtarchiv Mainz

1945 erhielt der in Wiesbaden wohnende Adolf Fraund einen Passierschein, nun konnte er die Reste seines Betriebs an der Großen Bleiche in Augenschein nehmen. Als Verlagsdirektor hatte er die Mainzer Verlagsanstalt und Druckerei Will & Rothe KG (MVA) durch den Krieg geführt, die seit 1934 nur noch den Druckauftrag für den *Mainzer Anzeiger* innehatte. Ende 1944 ließ Fraund eine Notdruckerei im Keller des Betriebsgebäudes einrichten, um wenigstens einen Teil des Inventars vor Bombenschäden zu bewahren. Mit dem erhalten gebliebenen kleinen Maschinenpark hoffte Fraund, einen Neuanfang in der liberalen Tradition des *Mainzer Anzeigers* zu schaffen. Jeden Morgen strampelte der 47-Jährige mit dem Fahrrad über die Behelfsbrücke nach Mainz, um mit etwa 20 Männern den Schutt auf dem Verlagsgelände beiseitezuräumen – es war der verbliebene harte Kern von ehedem rund 250 Verlagsmitarbeitern. Wie sich herausstellte, war allerdings die Rotationsmaschine, damals eine der größten in Deutschland, arg ramponiert – den sperrigen Koloss hatte Fraund nicht in den Keller verlegen können, sodass er der Feuersbrunst am 27. Februar schutzlos ausgeliefert war. Wertvolle Verbündete fand Fraund in den Brüdern Willi und Dr. Ludwig Strecker, den Leitern des Musikverlags B. Schott's Söhne: Im August 1945 beteiligte sich Schott mit zunächst 250.000 Reichsmark an der MVA und wurde damit größter Teilhaber.

Erich Dombrowski (1882 – 1972), erster Chefredakteur nach dem Krieg. Stadtarchiv Mainz

Woran es jetzt vor allem fehlte, war ein Journalist, der nicht nur den Mut aufbrachte, unter diesen trostlosen Bedingungen eine Redaktion aufzubauen, sondern zudem politisch unbelastet war und die nötige Reputation mitbrachte. Kurt Will, der überlebende Hauptgesellschafter des Verlags – der andere, Helmuth Rothe, war noch in den letzten Kriegstagen umgekommen – wurde nach Frankfurt geschickt, um sich nach einem solchen Mann umzuschauen. Er kehrte zurück mit dem Namen Erich Dombrowksi.

Es war ein großer Name. Von 1916 bis 1926 schrieb der in Danzig geborene Dombrowski Leitartikel für das *Berliner Tagblatt*, war Leiter des innenpolitischen Ressorts und zuletzt stellvertretender Chefredakteur. Im gleichen Zeitraum verfasste er unter dem Pseudonym Johannes Fischart für die Berliner Intellektuellenzeitschrift *Die Weltbühne* mehr als hundert Portraits führender Persönlichkeiten der Weimarer Republik. 1926 ging Dombrowski als Hauptschriftleiter zum *Frankfurter Generalanzeiger*, zehn Jahre später setzten die Nazis den bekennenden Demokraten, der zudem mit einer Jüdin verheiratet war, von seinem Posten ab. Die verbliebenen neun Jahre des „Tausendjährigen Reiches" saß der zu publizistischer Untätigkeit verurteilte Dombrowski in der inneren Emigration in Frankfurt ab. Kurzum: Der Mann, den die Mainzer gesucht hatten, war gefunden. Und der damals schon 62-jährige Dombrowski war willens, sich in das journalistische Abenteuer am Rhein zu stürzen.

Erster Schritt war die Zusammenstellung eines schlagkräftigen Redaktionsteams, auf dem nicht der Schatten der Nazi-Vergangenheit lag. Es bestand laut den Erinnerungen Dombrowskis aus fünf Männern und einer Frau: Dr. Aloys Bilz für die Wirtschaft, Bernhard Gnegel (Lokales und Sport), Fritz Ohlhof (Kommunalpolitik), dem Kulturhistoriker Franz Theodor Klingelschmitt, Helge Ruppert, geborene Rauschenberger (Feuilleton) und einem Volontär. Die große Politik, einschließlich der Leitartikel, fiel in die Zuständigkeit des Chefredakteurs Dombrowski. Da die Lizenzerteilung der französischen Militärregierung auf sich warten ließ, handelte es sich vorerst um eine Art Schattenkabinett; die „Journalisten ohne Journal" (Dombrowski) trafen sich alle paar Tage im Archivraum des Schott-Verlags am Weihergarten in der Altstadt, um Pläne zu schmieden. Der entscheidende Vorstoß gelang Dombrowski laut eigener Darstellung Mitte Oktober 1945 höchstselbst, als er zu einem Empfang des provisorischen französischen Staatschefs General Charles de Gaulle eingeladen wurde und trocken entgegnete, er könne als Repräsentant der Presse leider nicht kommen, da er ja noch gar keine Zeitung hinter sich habe. Kurz darauf habe das französische „d'accord" auf dem Tisch gelegen.

Am 26. Oktober 1945, einem Freitag, erschien die Nummer 1 des *Neuen Mainzer Anzeigers*. Am Fuß der Titelseite stand ein Editorial, in dem der Chefredakteur unter dem Kürzel „ed" die Programmatik des Blattes umriss:

„Die zeitungslose Zeit ist vorüber. Eine Zeitung erscheint auch in unserem Bereich wieder. Frei und ohne Fesseln kann sie sprechen. Ein Sprachorgan der Bevölkerung soll und wird sie sein. In ihm werden sich, über die reine Nachrichtenübermittlung hinaus, ihre Freuden und Sorgen widerspiegeln, ihre Gedanken über das, was war und was werden soll. [...] In der nun hinter uns liegenden Vergangenheit hatten selbst die Buchstaben stramm zu stehen und die Zeilen sich einzufügen in das ‚Führerprinzip'. Geschrieben und gedruckt werden durfte nur, was befohlen war. So sollten wir auch geistig zu einer uniformen Masse mit dem starr ausgerichteten Blick zum Gefreiten erzogen und gepresst werden. Dieser Spuk ist jetzt vorüber. Wir dürfen wieder sagen, was uns am Herzen liegt, wir dürfen wieder schreiben, um praktisch mitzuhelfen am Werk des materiellen und geistigen Wiederaufbaus des deutschen Volkes. Das Ventil ist nach zwölf Jahren der Unterdrückung geöffnet: Wir sind wieder geistig frei!"

Verlagsleitung und Technik blieben zunächst im Keller des alten Betriebsgebäudes untergebracht, die Redaktion arbeitete weiterhin im Archiv des Schott-Verlags. „Eigentlich war es nicht mehr als ein handtuchartiger, langer Gang", erinnerte sich Dombrowski später. „Das Kernstück war ein qualmendes Kanonenöfchen, das in dem strengen Winter der Nachkriegszeit, wenn auch nur etappenweise, die Journalisten anfeuerte." Die Zeitung erschien zweimal in der Woche in Mainz und dem Umland, ab 7. Mai 1946 dreimal wöchentlich; die Auflage betrug anfangs rund 75.000 Exemplare, konnte aber bis Ende Mai 1946 auf über 200.000 gesteigert werden.

Von Anfang an wurde den Trägern das Blatt aus der Hand gerissen, Abonnenten kamen zuhauf. Ab November 1945 erschien der *Neue Mainzer Anzeiger* mit lokalen Wechselseiten für Bingen, ab Mai 1946 auch für Worms, Alzey und Bad Kreuznach. Die Nachrichten lieferte anfangs die von den Franzosen in Baden-Baden eingerichtete Agentur Südena, die wiederum von der halbstaatlichen Agence France Press (AFP) gespeist wurde, der Nachrichtenquelle der französischen Zeitungen. Mit einem Fernschreiber wurde die Redaktion erst im Juli 1946 ausgestattet, bis dahin gelangten die Meldungen per Motorradkurier nach Mainz. Gab es Probleme, musste improvisiert werden, dabei tat sich vor allem Lokalredakteur Bernhard Gnegel hervor, den Dombrowski als „Genie journalistischer Fruchtbarkeit" lobte. Die Techniker hatten es nicht einfacher: Die Arbeit an den Setzmaschinen war so aufwändig, dass 15

Angestellte in dem nur 18 Quadratmeter großen Kellerraum zwei Tage benötigten, um eine sechsseitige Zeitung zustande zu bringen. Es kam vor, dass die Redakteure Überschriften ändern mussten, weil die Setzer nicht genug Buchstaben in der passenden Größe hatten. Gedruckt wurde vorerst in Ingelheim, bis die Rotationsmaschine, laut Dombrowski „ein betagtes Individuum, das wie ein Clochard unter Trümmern schnarchte", notdürftig überholt war: Die Weihnachtsausgabe 1945 konnte wieder in Mainz gedruckt werden.

Die Redaktion zog im Frühjahr 1947 vom Weihergarten in das notdürftig wiederhergerichtete Betriebsgebäude an der Margaretengasse um, wo auch Kurt Will, einer der beiden Geschäftsführer, residierte. Kollege Adolf Fraund war mit den meisten anderen Verlagsmitarbeitern noch in der Commerzbank auf der gegenüber liegenden Seite der Großen Bleiche untergebracht. Die Technik hatte den Keller verlassen und wieder ihren Stammplatz in den Etagen des Betriebsgebäudes eingenommen.

DIE FAZ – ZEITUNG FÜR DEUTSCHLAND AUS MAINZ

In Begleitung französischer Offiziere erschienen im Sommer 1946 aus Paris zurückgekehrte Emigranten, ehemalige Mitarbeiter des Berliner Ullstein-Verlags, in Mainz. Sie wollten bei der erfolgreichen MVA unter dem Titel *Die Epoche* ein überregionales Blatt herausgeben, nach dem Vorbild der *Neuen Zeitung* (München) in der amerikanischen und der *Welt* (Hamburg) in der britischen Zone. Die Militärregierung in Baden-Baden griff die Idee auf, machte sie aber zu einem eigenen Projekt, das von Presseoffizier Edouard Hemmerlé in Mainz vorangetrieben und bei der Mainzer Verlagsanstalt von Fraund und Dombrowski umgesetzt wurde. Ergebnis war die *Allgemeine Zeitung und Wirtschaftsblatt*, die sich grob an der ehemaligen *Frankfurter Zeitung* orientierte, einem renommierten Blatt mit großer liberaler Tradition, das 1943 vom Nazi-Regime verboten wurde.

Nach den Vorstellungen Hemmerlés sollte die neue Zeitung im Ausland zum Sprachrohr Deutschlands werden und etwa den französischen Blättern *Le Monde* und *Le Figaro* oder der englischen *Times* ebenbürtig sein. Wieder meisterte Dombrowski die Herausforderung, in kürzester Zeit einen Stab qualifizierter Journalisten zu rekrutieren. Die erste Ausgabe der *Allgemeinen Zeitung und Wirtschaftsblatt* kam am 29. November 1946 heraus. Die Zeitung erschien zunächst einmal wöchentlich und kam sofort gut an.

Die Mainzer Verlagsanstalt gab nun also zwei erfolgreiche Blätter heraus; in Zeiten dramatischer Papierknappheit richteten sich eifersüchtige Blicke anderer Verlage nach Mainz. Die französische Militärregierung setzte ganz auf die neue AZ als journalistisches Aushängeschild der Zone und erwog, den *Neuen Mainzer Anzeiger* einzustellen. Dombrowski wehrte sich und konnte einen Kompromiss erreichen: Der *Neue Mainzer Anzeiger* wurde als Haupttitel aufgegeben und in die *Allgemeine Zeitung* integriert. Ab 2. Mai 1947 erschien die AZ als überregionale Ausgabe A (Hauptausgabe mit Wirtschaftsblatt) und Regionalausgabe B mit den Unterausgaben Mainz, Alzey, Bingen, Worms und Bad Kreuznach. Den inzwischen etablierten Namen *Neuer Mainzer Anzeiger* führte die Regionalausgabe im Untertitel fort. Als erste deutsche Zeitung nach dem Krieg kam die Hauptausgabe ab 1. April 1948 täglich heraus, vom 1. Oktober 1948 an erschien auch die Regionalausgabe sechsmal pro Woche.

Während die Auflage der Hauptausgabe stetig wuchs – im Mai 1948 betrug sie bereits 101.000 Stück – wurde die Redaktion personell aufgestockt. Dabei kamen Dombrowski seine glänzenden publizistischen Kontakte zugute. Im März konnte er unter anderem Dr. Paul Sethe, früher Redakteur der *Frankfurter Zeitung*, für das Politikressort und als Leitartikler engagieren. Den Kontakt hatte Professor Erich Welter hergestellt, ehemaliger stellvertretender Chefredakteur der *Frankfurter*

Zeitung und Chefredakteur der traditionsreichen konservativen Berliner *Vossischen Zeitung* – am 1. Juli 1948 wurde Welter selbst beratendes Mitglied der AZ-Chefredaktion. Sethes Verpflichtung war nicht zuletzt auch den Überredungskünsten Adolf Fraunds zu verdanken, der in seinem Büro „mit Engelszungen" auf ihn eingeredet und ihm zum Abschied zwei Flaschen Piesporter Goldtöpfchen zugesteckt habe, wie sich Sethe später schmunzelnd erinnerte.

Die Währungsreform im Juni 1948 und die damit verbundene Geldknappheit der Bevölkerung verschärfte den Konkurrenzkampf unter den Zeitungen und führte zu Auflagenrückgängen. Von dieser Entwicklung war die meist als Zweitzeitung bezogene Hauptausgabe der AZ wesentlich stärker betroffen als die Bezirksausgabe. So wurde der bis dahin steile Aufwärtstrend der Hauptausgabe in der zweiten Jahreshälfte 1948 jäh gestoppt, ihre Auflage stürzte auf etwa 17.000 Exemplare ab, sie wurde zum Verlustgeschäft für den Verlag. Es konkretisierten sich Überlegungen, die Hauptausgabe auszugliedern in eine gemeinsame GmbH der MVA und der Wirtschaftspolitischen Gesellschaft (WIPOG), einer Finanzgruppe, die durch den früheren preußischen Finanzminister Otto Klepper vertreten wurde. Gedruckt werden sollte künftig in Frankfurt. Erich Welter entwickelte daraus den Plan, gleich seine alte Liebe, die *Frankfurter Zeitung* wiederaufleben zu lassen, allerdings verfügte er nicht über die Rechte an dem renommierten Titel. Die Entscheidung für den Namen *Frankfurter Allgemeine Zeitung* (FAZ) war nicht zuletzt eine Reminiszenz an die Mainzer AZ. Nach dem weitgehenden Wegfall der Pressebeschränkungen in den drei westlichen Zonen im September 1949 war der Weg frei, den Schritt zu vollziehen: Die erste Ausgabe der FAZ erschien am Dienstag, 1. November 1949. Auf der Titelseite hieß es unter der programmatischen Überschrift „Zeitung für Deutschland":

„Unsere Leser haben heute die erste Nummer der ‚Frankfurter Allgemeinen Zeitung' vor sich. Dieses Blatt setzt die journalistische Arbeit fort, die in Mainz mit der ‚Allgemeinen Zeitung' begonnen worden ist. Aber es knüpft zugleich den Anfang zu einem neuen Werk."

Die FAZ wurde noch bis 30. September 1950 in Mainz gedruckt, dann sprang die Druckerei der *Frankfurter Rundschau* ein. Erst jetzt siedelten auch die Redakteure nach Frankfurt über, darunter Bernhard Gnegel und Martin Ruppert, der später als Feuilletonchef nach Mainz zurückkehrte. An die Stelle eines Chefredakteurs trat ein Kollektiv von fünf Herausgebern: Hans Baumgarten, Erich Dombrowski, Karl Korn, Paul Sethe und Erich Welter. Dombrowski blieb Chefredakteur in Mainz, seine Leitartikel erschienen fortan gleichzeitig in AZ und FAZ. Sethe stand der AZ ebenfalls weiterhin als Leitartikler und Verfasser der beliebten *Historischen Rückblende* zur Verfügung.

An die Stelle der WIPOG trat später eine Allgemeine Verlags-GmbH. Die MVA war mit 49 Prozent am Stammkapital beteiligt, 1955 wurden 29 Prozent verkauft. Adolf Fraund und die Brüder Strecker hielten ihre Anteile von jeweils 10 Prozent bis Anfang der 60er Jahre.

DIE ERFOLGSGESCHICHTE AN DER GROSSEN BLEICHE

Auch in Mainz ging es weiter steil aufwärts. In der ersten Jahreshälfte 1949 wurde die AZ um Lokalausgaben in Ingelheim, Idar-Oberstein, im Hunsrück und am Mittelrhein erweitert, am 1. März gelang mit einer Wiesbadener Ausgabe der Sprung auf die rechte Rheinseite. Der Zeitungsverbund erwies sich stabil genug, um den Angriff zahlreicher Altverleger abzuwehren, die nach Wiederherstellung der deutschen Pressefreiheit im September 1949 mit Titeln aus der Vorkriegszeit auf den Markt strömten. Die meisten erlitten Schiffbruch, so auch die Herausgeber des *Darmstädter Tagblatts*, einer der ältesten Tageszeitungen überhaupt mit 200-jähriger Historie, sowie des *Wiesbadener Tagblatts*, das auf eine 100-jährige Geschichte zurückblickte. Beide Traditionsblätter wurden 1950 von der Mainzer Verlagsanstalt übernommen. Das Haus beschäftigte zu dieser Zeit rund 600 Mitarbeiter; das Verbreitungsgebiet reichte von der Saargrenze bis in den Taunus und vom Hunsrück bis in den Odenwald. Der Verbund der späteren Zeitungsgruppe Rhein-Main-Nahe war umrissen.

Sein Architekt war Adolf Fraund: Nach dem Ausscheiden seines Gesellschafterkollegen Kurt Will war der Wiesbadener 1948 alleiniger Geschäftsführer und persönlich haftender Gesellschafter der Mainzer Verlagsanstalt Will & Rothe geworden. Getreu seinem Leitsatz: „Alles für die Technik" ließ er kontinuierlich in die Modernisierung der Druck- und Setzmaschinen investieren, Bauabschnitt um Bauabschnitt wuchs auch der Gebäudekomplex des Verlags im Viereck Große Bleiche, Löwenhofstraße, Margaretengasse und Klarastraße zur alten Größe heran – und darüber hinaus. Die Schalterhalle, das Entrée an der Großen Bleiche, blieb zunächst eingeschossiges Provisorium – bis 1961 mit dem Neubau des Pressehauses begonnen wurde. Im Mainzer Jubiläumsjahr 1962 war der Bau in vollem Gange, das Projekt lag ganz auf der Linie der Stadtoberen: Sie inszenierten die Feier des zweitausendjährigen Bestehens der Stadt als Initialzündung, die Mainz aus seiner Nachkriegslethargie reißen und den Wiederaufbau auf breiter Front ankurbeln sollte. Ihren eigenen Wiederaufbau schloss die Mainzer Verlagsanstalt nach 18 Jahren am 18. Juni 1963 mit der feierlichen Eröffnung des fünfgeschossigen Blocks durch Verleger Walther Zech ab, der inzwischen an die Stelle Fraunds getreten war. Der 64-jährige Fraund ging zu Jahresbeginn 1962 in den Ruhestand. Er starb 1984 im Alter von 86 Jahren.

Fraund war der Vater des verlegerischen Erfolgs, Dombrowski der des journalistischen. Unter seiner Leitung erwarb sich die Redaktion mit ihrer überparteilichen, an keine Interessengruppen gebundenen Arbeit, die sich zuvorderst am Informationsbedürfnis ihrer Leser orientierte, einen glänzenden Ruf

Das Pressehaus in der Großen Bleiche kurz nach der Fertigstellung 1963: Bis zum Umzug nach Marienborn 1996 waren Verlag und Redaktion in dem Gebäude untergebracht. Stadtarchiv Mainz

weit über die Region hinaus. Der Chefredakteur selbst glänzte mit geschliffenen Leitartikeln, Kommentaren, Portraits und Glossen. Für den späteren Chefredakteur Hermann Dexheimer bestand die Faszination von Dombrowskis Schreibe in „der harmonischen Verbindung von bildhaftem Ausdruck und mutiger Stellungnahme". Seinen Redakteuren schärfte Dombrowski ein: „Ihr müsst so schreiben, dass euch die Marktfrau am Dom versteht, der Winzer in Rheinhessen das Blatt lesenswert findet und auch der Universitätsprofessor euch ernst nimmt." Ein Leitsatz, der in journalistischen Lehrbüchern heute noch zitiert wird. Martin Ruppert beschrieb Dombrowski als „eine Persönlichkeit mit Klugheit, Kompetenz, Welterfahrung und Noblesse. Sie vermittelte Fakten und Meinungen, Apokalyptisches und Anekdotisches vor dem Hintergrund der gequälten Welt, in der alte Mythen ausgedient hatten."

Wie Fraund betrat auch Dombrowski das neue Pressehaus nur noch als Gast. 1957, im Alter von 74 Jahren, hatte er die Chefredaktion an seinen Nachfolger Dr. Heinrich Tötter übergeben, blieb dem Blatt aber noch zehn Jahre als Autor treu. Dombrowskis letzter Leitartikel erschien am 16. Dezember 1967; unter der Überschrift „John Bull steht vor der Tür" setzte er sich kritisch mit dem Beitritt Großbritanniens zur Europäischen Gemeinschaft auseinander. In seiner typischen volksnahen Art spitzte er die große Politik auf die mainzerische Frage zu: „Wollen – sollen wir es hereinlassen?" Erich Dombrowski starb am 29. Oktober 1972, kurz vor seinem 90. Geburtstag.

DIE ÄRA DEXHEIMER

Die Übernahme der Chefredaktion durch Tötter bedeutete auch einen Generationswechsel. Im Gegensatz zum distanziert-patriarchalisch regierenden Grandseigneur Dombrowski setzte der wesentlich jüngere und leutseligere Tötter auf Teamarbeit. In seinem Bemühen, die Zeitung moderner zu gestalten, geriet er allerdings bald mit dem konservativ gestrickten Fraund aneinander. Der Machtkampf ging zunächst zu Tötters Gunsten aus, als Fraund 1962 in den Ruhestand ging. Doch kurz darauf musste Tötter selbst seinen Stuhl räumen, dabei sollen auch persönliche Animositäten zwischen ihm und dem neuen Verleger Zech eine Rolle gespielt haben. Tötters Nachfolger Heinz Winkler trat am 1. Februar 1964 an, hatte aber noch weniger Glück: Schon nach wenigen Monaten wurde er durch eine Palastrevolte führender Redakteure gestürzt – ein im deutschen Pressewesen außergewöhnlicher Vorgang. Winklers autoritärer und zuweilen realitätsferner Führungsstil war ihm zum Verhängnis geworden.

Nach einer Übergangsphase wurde der 34-jährige Hermann Dexheimer im Mai 1965 Deutschlands jüngster Chefredakteur. Er sollte fast 30 Jahre die Redaktion leiten, so lange wie vor und bis heute keiner nach ihm. Der Neue war nicht nur ein Mann aus der Mitte der Redaktion, den die Kollegen der Verlagsleitung selbst vorgeschlagen hatten: Er war auch noch von Dombrowski höchstpersönlich aufgebaut worden. Der 1930 in Albig geborene Dexheimer hatte in der Alzeyer AZ-Redaktion volontiert und dort als Redakteur seine Sporen verdient, als Dombrowski auf ihn aufmerksam wurde und ihn als politischen Nachrichtenredakteur in die Zentrale nach Mainz holte. Auch dort bewährte sich Dexheimer in kurzer Zeit, sodass er 1960 zum Ressortchef Politik aufstieg und später gemeinsam mit Martin Ruppert zum stellvertretenden Chefredakteur.

Dexheimer blieb der Linie seines Förderers Dombrowski treu: Ohne die Kernkompetenz im Lokalen zu vernachlässigen, machte er ein Blatt, das den Ehrgeiz hatte, über den regionalen Tellerrand hinauszuschauen. Wertvolle Dienste leistete dabei das noch unter Tötter installierte Korrespondentennetz. Zudem verfügte Dexheimer selbst über glänzende Kontakte, die er als junger Ressortleiter etwa auf Bundesparteitagen oder bei Besuchen der Bundeshauptstadt Bonn geknüpft hatte. Der Chefredakteur war dabei, als Kanzler Willy Brandt 1970 in Moskau und Warschau die Ostverträge unterzeichnete, und nach dem Abschluss der Zwei-plus-Vier-Gespräche stieß er 1990 auf dem Heimflug von Moskau mit Kanzler Helmut Kohl, Außenminister Genscher und anderen handverlesenen Journalisten auf die deutsche Wiedervereinigung an. Mit Kohl verband Dexheimer eine enge Freundschaft, deren Fundament in der gemeinsamen Mainzer Zeit gelegt wurde, als Kohl rheinland-pfälzischer Ministerpräsident war.

Das neue Pressehaus in der Großen Bleiche avancierte nicht nur zur journalistischen Hochburg der Landeshauptstadt, sondern auch zu einem Kommunikationszentrum, in dem sich die Mainzer und Prominente aus Politik, Gesellschaft und Kultur die Klinke in die Hand gaben. Und einmal im Jahr verwandelte sich das Pressehaus in ein Tollhaus: Am Rosenmontag luden

Am 25. Mai 1990 feiert Hermann Dexheimer (rechts) sein 25. Dienstjubiläum als Chefredakteur. Zu den Gratulanten gehört auch Bundeskanzler Helmut Kohl. Foto: Klaus Benz

Verlag und Redaktion ihre zahlreichen Geschäftsfreunde in das innen wie außen fastnachtlich dekorierte Gebäude ein, um gemeinsam zu feiern und dem vor der Haustür vorbei ziehenden Rosenmontagszug zuzuwinken.

Im Sommer 1975 feierte die AZ Mainz ihren 125. Geburtstag. Das größte Geschenk machte sich der Verlag selbst mit der feierlichen Einweihung des Druckzentrums in Mombach im August nach 14 Monaten Bauzeit. Prunkstück des 45.000 Quadratmeter großen Betriebsgeländes war eine hochmoderne Rotationsmaschine, auf der fortan alle rechtsrheinischen Ausgaben gedruckt wurden – die linksrheinischen wurden zunächst weiterhin an der Großen Bleiche gedruckt, im Zuge der Umstellung von Hoch- auf Offsetdruck wurde ab Ende der 70er Jahre dann die gesamte Produktion nach Mombach verlegt. Die Gesamtauflage der von der Mainzer Verlagsanstalt herausgegebenen Zeitungen war bis 1975 auf etwa 240.000 angewachsen, eingerechnet den 1965 aufgekauften *Wiesbadener*

Kurier und die jüngste Erwerbung, die 1972 hinzugekommene Rüsselsheimer *Main-Spitze*.

Ende der 80er Jahre war es Zeit für eine weitere technische Neuerung, diesmal in der Redaktion: Der Computer löste die Schreibmaschine ab. Weil man abwarten wollte, bis die Technik so weit ausgereift war, dass sie den speziellen Bedürfnissen der Presse genügte, hatte der Verlag die Einführung moderner EDV länger hinausgezögert als viele andere Zeitungshäuser. Im Sog des angebrochenen digitalen Zeitalters änderten sich nicht nur die Arbeitsabläufe in Redaktion und Druckerei, sondern das gesamte Unternehmen schlug neue Wege ein. Die Zeitung blieb zwar das Kerngeschäft, doch wurde der Verlag auch in anderen Bereichen aktiv, beteiligte sich an den privaten Radiosendern RPR und FFH und kooperierte mit dem Fernsehsender SAT 1. Der Entwicklung zum modernen Medienunternehmen mit dominanter Stellung in der Region wurde unter den Geschäftsführern Eckart Helfferich und Karlheinz Röthemeier im Oktober 1992 mit der Umbenennung der Mainzer Verlagsanstalt und Druckerei Will & Rothe in Verlagsgruppe Rhein Main (VRM) formal Rechnung getragen. Zur Rhein Main Presse, einem der sechs Unternehmensbereiche, gehörten die Titel *Allgemeine Zeitung* (Mainz, Alzey, Ingelheim, Bingen, Bad Kreuznach mit den Unterausgaben Kirn und Bad Sobernheim) *Landskrone* (Oppenheim), *Rhein-Main-Anzeiger, Wiesbadener Tagblatt, Wiesbadener Kurier, Wormser Zeitung* und *Main-Spitze* (Rüsselsheim). Das *Darmstädter Tagblatt* hatte der Verlag 1986 an das *Darmstädter Echo* verkauft. Die Gesamtauflage der Rhein Main Presse betrug 230.000 Exemplare; in den Zentralredaktionen Mainz und Wiesbaden sowie in 16 Lokalredaktionen arbeiteten über 100 Redakteure.

Im Mai 1995, kurz vor seinem 65. Geburtstag, ging Chefredakteur Hermann Dexheimer in den Ruhestand. Nachfolger wurde Klaus Beck, vormals stellvertretender Chefredakteur der *Gießener Allgemeinen*. Mit Dexheimer trat ein Journalist alter

Schule von der Bühne ab – einer Bühne, die sich in 29 Jahren stark gewandelt hatte. Bei Dexheimers Verabschiedung nannte Kanzler Helmut Kohl seinen Freund einen „optimistischen Patrioten". Hermann Dexheimer starb am 18. November 2005 im Alter von 75 Jahren.

ZEITUNG AUF DER HÖHE

1996 wurde in der Geschichte der VRM und der *Allgemeinen Zeitung* ein neues Kapitel aufgeschlagen: Verlag und Redaktion verließen nach fast 100 Jahren ihren zu klein gewordenen und nicht mehr zeitgemäßen Stammsitz an der Großen Bleiche und bezogen ein neues Gebäude auf dem Lerchenberg, an der Marienborner Gemarkungsgrenze, in direkter Nachbarschaft zum Privatsender SAT 1 und dem ZDF. In 16 Monaten war dort ein markanter Neubau entstanden, gegliedert in einen viergeschossigen, geschwungenen Kopfriegel und zwei jeweils vier Etagen umfassende Seitenflügel. Der Umzug war ein logistischer Geniestreich: Am Abend des 1. November 1996 produzierte die Redaktion die letzte Zeitung an der Großen Bleiche, die Montagsausgabe kam bereits vom Lerchenberg. Mit dem neuen Kundencenter am Markt blieb die AZ in der Innenstadt präsent, während das neue Marienborner Verlagshaus in seiner Adresse Erich-Dombrowski-Straße 2 die Erinnerung an seinen großen journalistischen Ahnherrn wachhielt.

Im Jahr 2000 feierte die *Allgemeine Zeitung Mainz* ihr 150-jähriges Bestehen. Aus diesem Anlass nahm sie erstmals mit einem eigenen Wagen am Rosenmontagszug teil: In eigens geschneiderten Clownkostümen huldigten Geschäftsführer Karlheinz Röthemeier sowie Chefredakteur Klaus Beck im Zeitungsboot dem Narrenvolk. Höhepunkt der Jubiläumsfeiern war ein Leserfest am 1. Juli in der Rheingoldhalle mit der Popband Weather Girls als Topact.

Im Hochgefühl des Stolzes auf die eigene Historie war den Zeitungsleuten aber durchaus bewusst, dass für sie im neuen

Jahrtausend die Luft dünner wurde. Doch trotz zunehmender Konkurrenz durch das Internet und einer kriselnden Wirtschaft, die vor allem auf den Anzeigenmarkt durchschlug, konnte die Auflage stabil gehalten werden – dank einer besonnenen Geschäftsführung, ab 2004 unter Leitung von Hans-Georg Schnücker, und einer motivierten Redaktion.

Die Zeitungsmacher sind es seit vielen Jahrzehnten gewohnt, im Wettbewerb mit anderen Medien zu stehen, doch das Aufkommen des Internets hatte eine neue Qualität. Es sei „unvorstellbar, dass sich der Bürger mit Hörfunk und Fernsehen allein zufrieden geben kann", hatte der im März 2010 verstorbene Verleger Zech anlässlich der Inbetriebnahme des neuen Druckzentrums 1975 selbstsicher bemerkt. „Die Vorteile einer Tageszeitung gegenüber anderen Medien – ohne diese herabsetzen zu wollen – sind unverändert existent: Die eigene Bestimmung des Zeitpunkts, wann man sich mit dem Medium beschäftigen und auseinandersetzen will; ferner die Möglichkeit, aus der Fülle des Gebotenen das auszuwählen, was für den Einzelnen von besonderem Gewicht ist; und schließlich die Freiheit und Selbstbestimmung, Wesentliches mehrfach zu lesen, im selbst bestimmten Tempo zu lesen und gegebenenfalls zu späterem Nachlesen aufzuheben." Was 1975 undenkbar schien, war im Jahr 2000 längst Realität: Ein konkurrierendes Medium, das der Tageszeitung die Exklusivität jener von Zech beschriebenen Vorteile entrissen und obendrein den Aktualitätsdruck noch weiter erhöht hatte – das Internet.

Die AZ nahm die Herausforderung an. Im November 1997 wurde zunächst der *Main-Rheiner* als Internetportal der VRM-Zeitungen ins Leben gerufen. Im Februar 2009 war dann ein Upgrade des Internetauftritts fällig, mit verbesserter Technik, neuer Optik, erweitertem Umfang und gesteigerter Aktualität. Unter www.allgemeine-zeitung.de können seitdem nicht nur brandaktuelle Nachrichten, Hintergrundinformationen

Zeitungmachen gestern: Ein Blick in die Mainzer Lokalredaktion im Jahr 1975. Getippt wird auf der Schreibmaschine, das Zeitungslayout entwerfen die Redakteure mühsam von Hand. Foto: Klaus Benz

und Fotos, sondern auch Videos abgerufen werden. Dahinter steht die Erkenntnis, dass Journalisten ihr Publikum heutzutage über mehrere Kanäle informieren müssen, und zwar so zeitnah wie möglich. Ein Facelifting der Printausgabe folgte auf dem Fuß: Am 25. April 2009 erschienen alle Zeitungen der Rhein Main Presse in einem neuen, zeitgemäßen Layout. Ihre Rolle mag sich gewandelt haben, doch auch im multimedialen Zeitalter misst der Verlag der gedruckten Zeitung gleichbleibend hohe Bedeutung zu. Geschäftsführer Hans Georg Schnücker drückte es zum Jahresbeginn 2010 so aus: „Die Tageszeitung ist und bleibt ein enorm wirksames und reichweitenstarkes Medium. Dies gilt noch mehr für die crossmediale Tageszeitung mit ihren Ergänzungen in Print, Video, Online und Mobile." Der Stellenwert der Printausgabe dokumentiert

Zeitungmachen heute: Layouten, Schreiben, Redigieren – alles geschieht am Computer. Die Fäden der Zeitungsproduktion laufen im „Newsdesk" zusammen: Reinhard Breidenbach, Ressortleiter Politik (links), stellvertretender Chefredakteur Peter Königsberger und Redakteurin Katrin Schnabel. Foto: Sascha Kopp

sich auch im Bau eines modernen Druckzentrums in Rüsselsheim, das die Verlagsgruppe Rhein Main gemeinsam mit dem Medienhaus Südhessen (Darmstadt) im Herbst dieses Jahres in Betrieb nehmen will.

Mit dem neuen Chefredakteur Friedrich Roeingh stellt sich die *Allgemeine Zeitung* der Aufgabe, aus dem technologischen Zusammenwachsen von Text, Audio und Bewegtbild die richtigen Schlüsse für die Zeitung der Zukunft zu ziehen. Zeitung live und Zeitung print umschreiben die Ergänzung von elektronischer und gedruckter Ausgabe der AZ: „Die Glaubwürdigkeit unserer Marke und die regionale Verankerung unserer Titel sichern die Zukunft der Allgemeinen Zeitung", erklärte Roeingh in seiner Antrittsrede vor der Redaktion am 1. Februar 2010 – nicht ohne eine Brücke zur Geschichte der AZ zu

VRM-Geschäftsführer Hans Georg Schnücker (rechts) und Chefredakteur Friedrich Roeingh vor dem Verlagsgebäude in Marienborn. Foto: Sascha Kopp

schlagen: „Wir tun gut daran, uns Namen wie Erich Dombrowski und Hermann Dexheimer als journalistische Vorbilder in Erinnerung zu rufen."

Benutzte Quellen und Literatur:
Allgemeine Zeitung 1850-2000. Jubiläumsausgabe zum 150-jährigen Bestehen der Allgemeinen Zeitung Mainz, 29. 6. 2000.
Das Erbe des Herrn Gottsleben. In: Das neue Mainz. Bildband vom Wiederaufbau einer Stadt. Mainz 1970. S. 232-235.
Geschenk an eine alte Zeitung: Zum 125. ein neues Druckzentrum. In: Mainz-Magazin, Nr. 10/1975, S. 18-19.
Dexheimer, Hermann: Er setzte Maßstäbe. Vor zehn Jahren starb Erich Dombrowski. In: Mainz Vierteljahreshefte für Kultur, Politik, Wirtschaft, Geschichte, Nr. 4/1982, S. 125-126.
Dombrowski, Erich u. a. (Hg.): Wie es war. Mainzer Schicksalsjahre 1945-48. Berichte und Dokumente. Mainz 1965.
Dumont, Franz u. a. (Hg.): Mainz – die Geschichte der Stadt. Mainz 1998.
Frankfurter Allgemeine – Zeitung für Deutschland, Nummer 1, 1. November 1949.
Fraund, Adolf: Dokumente und Erinnerungen. Eingeleitet und kommentiert von Werner Hanfgarn. Mainz 1986.
Haber, Ralf: Mainzer Presse 1945-1950. Eine Modellstudie zur frühen Nachkriegszeit. Köln/Weimar/Wien 1997.
Häfner, Hans Thomas: Im neuen Haus: Die Zeitung der Mainzer. In: Das neue Mainz, Nr. 9/1963, S. 8-9.
Leicher, Günther: Ein Kind der Medienstadt. 150 Jahre Zeitungsgeschichte in der Gutenbergstadt. In: Mainz Vierteljahreshefte für Kultur, Politik, Wirtschaft, Geschichte, Nr. 2/2000, S. 78-82.
Löckel, Walter: Ein Stück bedeutsamer Mainzer Mediengeschichte. Hermann Dexheimer zum 65. Geburtstag. In: Mainz Vierteljahreshefte für Kultur, Politik, Wirtschaft, Geschichte, Nr. 2/1995.
Mainz – 10 Jahre Wiederaufbau. Sonderbeilage der Allgemeinen Zeitung Mainz, 26.3.1955.

Ruppert, Martin: In memoriam Erich Dombrowski. Eine neue Straße trägt seinen Namen. In: Mainz Vierteljahreshefte für Kultur, Politik, Wirtschaft, Geschichte, Nr. 3/1997, S. 110-112.

Teubig, Karl-Heinz: Ein Kapitel deutscher Pressegeschichte. Dokumente, Gespräche, Notizen, Erinnerungen – Mainz 1945-1950. In: Mainz Vierteljahreshefte für Kultur, Politik, Wirtschaft, Geschichte, Nr. 2/1983, S. 52-63.

Unser neues Druckhaus in Mainz-Mombach. Sonderausgabe der Zeitungsgruppe Rhein-Main-Nahe zur Einweihung des neuen Druckhauses der Mainzer Verlagsanstalt in Mainz-Mombach in Verbindung mit der offiziellen Jubiläumsfeier zum 125-jährigen Bestehen des Mainzer Anzeigers (Allgemeine Zeitung), 1975.

Verlagsgruppe Rhein Main. Unternehmensbroschüre. Mainz, Oktober 1992.

Vom Anzeiger zur Allgemeinen. 125 Jahre Mainzer Zeitungsgeschichte. Festschrift zum 125-jährigen Jubiläum der Allgemeinen Zeitung, Mainz. Mainz 1975.

Wirth, Helmut: Der „Medienberg" erhielt Zuwachs. Hundert Jahre Zeitungsgeschichte an der Großen Bleiche gingen zu Ende. In: Mainz Vierteljahreshefte für Kultur, Politik, Wirtschaft, Geschichte, Nr. 1/1997, S. 115.

Elmar Rettinger

FORSCHEN – VERMITTELN – MITMACHEN.
Das landesgeschichtliche Internetportal
regionalgeschichte.net

Landes-, Regional- und Lokalgeschichte stoßen heute auf steigendes Interesse in breiten Schichten der Bevölkerung. Geschichte erschließt sich den Menschen am besten durch direkte Anschauung, und Landesgeschichte ist der Lebenswelt der Menschen näher als die oftmals als entrückt empfundene „große Geschichte". Landesgeschichte wird von zahlreichen Institutionen – Universitäten, Behörden, Vereinen usw. – sowie Einzelpersonen betrieben. Landesgeschichtliche Themen sind auch fester Bestandteil der Lehrpläne in den Schulen.

Bibliotheken nehmen sich dieser Themen zunehmend über Internetangebote an, z. B. das Projekt *Bayerische Landesbibliothek Online*, das als gemeinsames Unternehmung mehrerer bayerischer Bibliotheken „das zentrale kulturwissenschaftliche Informationsportal für Bayern" ist,[1] oder *SACHSEN.digital*, die „interdisziplinäre Wissensplattform zur Geschichte, Kultur und Landeskunde Sachsens".[2] Auch das Landesbibliothekszentrum Rheinland-Pfalz hat zusammen mit der Universitätsbibliothek Trier das Portal *dilibri*, eine digitalisierte Sammlung von landeskundlichen Werken zu Rheinland-Pfalz, ins Leben gerufen, an dem sich die Wissenschaftliche Stadtbibliothek Mainz beteiligt.[3]

Das Institut für Geschichtliche Landeskunde an der Universität Mainz e. V. (IGL) zählt zu den traditionsreichen Stätten landesgeschichtlicher Forschung in der Bundesrepublik Deutschland. Es wurde im Jahre 1960 von Prof. Dr. Ludwig Petry (†) gegründet und wird seit 2003 von Prof. Dr. Franz J. Felten ge-

leitet. Das durch einen Landeszuschuss finanzierte An-Institut der Universität widmet sich der Erforschung der Geschichte des heutigen Bundeslandes Rheinland-Pfalz und der mit ihm historisch verbundenen angrenzenden Gebiete. Forschen – vermitteln – mitmachen, so kann man die Aktivitäten des Instituts umschreiben. Neben den zahlreichen Forschungsprojekten gehört die Vermittlung landesgeschichtlicher Inhalte zu den zentralen Aufgaben des IGL. Das Mitmachen drückt sich in der Beteiligung von Lokalforschern an der Sammlung und Vermittlung regional- und ortsgeschichtlicher Inhalte aus. Es gibt in der Bevölkerung zahlreiche Personen, die wertvolles Material zur Lokal- und Regionalgeschichte gesammelt haben. Verbindungen zu schaffen und Ressourcen, welche verloren zu gehen drohen, zu sichern, zählt zu den zentralen Anliegen des IGL. Das Institut baut dabei auf das Internet, welches inzwischen zahlreiche landesgeschichtliche Institutionen bundesweit für ihre Vorhaben nutzen.[4] In diesem Zusammenhang kommt dem Projekt *regionalgeschichte.net* eine besondere Rolle zu.[5]

Das seit 2000 existierende Projekt will gleichsam als „Gedächtnis der Region" Informationen zu verschiedenen Regionen, ihren Orten und Sehenswürdigkeiten sammeln. Bislang sind die Regionen Rheinhessen, Mittelrhein, Hunsrück und Saarland vertreten; weitere sind im Aufbau begriffen. Darüber hinaus bietet das Projekt jedem die Möglichkeit, sich aktiv zu beteiligen. Dies geht von Kommentaren zu Seiteninhalten über die Erarbeitung von Inhalten bis hin zur Einrichtung eigener Web-Sites. Ein Schwerpunkt der Arbeiten innerhalb des Projektes sind zurzeit gebündelte Angebote zu bestimmten historischen Themen:

Anlässlich der 1000-Jahrfeier der (versuchten) Einweihung des Mainzer Domes wurde beispielsweise 2009 eine Themenseite *1000 Jahre Mainzer Dom* erarbeitet.[6] Dabei wurden auch technisch neue Wege beschritten. Entsprechend den Anforderungen des Web 2.0, mehr interaktive Elemente einzubinden, wurden in Kooperation mit i3mainz (Institut für Raumbezogene Informations- und Messtechnik an der Fachhochschule Mainz) dreidimensionale, digitale Modelle von vier Bauphasen des Domes erstellt und mit historischen Informationen verbunden.

Im Jahre 2009 jährte sich der Beginn der Massenauswanderung aus den Gebieten des heutigen Rheinland-Pfalz zum 300. Mal. Eine Themenseite will die gesamten Initiativen, die sich mit dem Thema Auswanderung beschäftigen, vernetzen und Informationen zur Auswanderung in die verschiedenen Regionen ins Netz stellen.[7]

Klöster spielen als Orte der Ruhe und Erholung in zunehmendem Maße auch eine Rolle im Rahmen von touristischen Konzepten. Mit dem Bemühen, dem Stress des Alltags zu entfliehen, verbindet sich häufig das Interesse an tiefer gehenden Informationen zu Klöstern und Stiften. Beides miteinander zu verbinden, ist Ziel einer weiteren Themenseite zu den Klöstern und Stiften auf dem Gebiet des heutigen Rheinland-Pfalz. Sie wird ab Frühjahr 2010 im Netz zu finden sein.[8]

Neben den Themenseiten ist die Kooperation mit Schulen ein wichtiger Aspekt des Projekts. So hat sich das Gauß-Gymnasium Worms im Rahmen des Projekts eine eigene Web-Site *Geschichte am Gauß*[9] eingerichtet, auf der Schülerprojekte des Gymnasiums präsentiert werden sollen. Eine Seite für das Rabanus-Maurus-Gymnasium Mainz, auf welcher ausgewählte Schülerarbeiten aus dem Geschichtswettbewerb des Bundespräsidenten publiziert werden sollen, ist im Aufbau begriffen.

Mit dem Projekt verbunden, aber im Prinzip eigene Web-Auftritte sind die landesgeschichtlichen Projekte *Inschriften Mittelrhein-Hunsrück* (Darstellung der Inschriften sowohl im Netz als auch in für ein breites Publikum geschriebenen Broschüren),[10] *Digitales Flurnamenlexikon* Rheinland-Pfalz (Sammlung der Flurnamenbestände in einer Datenbank, wobei alle Interessierten zur Mitarbeit eingeladen sind)[11] und *Demokratiegeschichte.eu* (begleitendes Internet-Angebot zur Demokratie-Ausstellung *Hinauf, hinauf zum Schloss* im Hambacher Schloss).[12]

Vernetzung ist ein wichtiges Anliegen von IGL und *regionalgeschichte.net*. Zahlreiche Vereine nutzen bereits das Angebot, sich innerhalb des Projekts unentgeltlich eine eigene Webpräsenz zu schaffen. Dazu gehört z. B. auch die Arbeitsgemeinschaft Rheinhessischer Heimatforscher e. V. Der Verein, den Michael Real als Schriftführer unterstützt, widmet sich der Landeskunde der Region zwischen Bingen, Worms und Alzey. Die Mitglieder sind sowohl orts- und landesgeschichtlich tätige Forscher, die den Austausch mit anderen sowie wissenschaftliche Anregungen suchen, als auch historisch Interessierte aus der Region, die durch Vorträge, Exkursionen und Seminare die

Kulturlandschaft Rheinhessen sowie die angrenzenden Gebiete besser kennenlernen wollen.

Dem Bemühen, die Geschichte zu den Menschen zu bringen bzw. die Erkenntnis, dass man, wenn man historische Ressourcen sichern will, zu Lokalforschern gehen muss, entspringt die aktuellste Initiative des Instituts, das Geschichtsmobil. Dabei handelt es sich um eine fahrbare, mit allen technischen Errungenschaften ausgestattete Erhebungs- und Präsentationsstation. Das Geschichtsmobil ist vielfach einsetzbar. Das IGL kooperiert dabei mit historischen Institutionen in den Gemeinden.

Als kleines Fazit kann festgehalten werden: Landesgeschichtliche Forschung ist seit einigen Jahren im Aufwind. Das IGL versucht mit seinem Projekt *regionalgeschichte.net* dabei einen Brückenschlag zwischen universitärer Forschung und breiter Bevölkerung.

1 http://www.bayerische-landesbibliothek-online.de
2 http://www.sachsendigital.de; getragen von der Sächsischen Landesbibliothek – Staats- und Universitätsbibliothek Dresden, dem Institut für Sächsische Geschichte und Volkskunde e. V. und weiteren Partnern.
3 http://www.dilibri.de. Vgl. die Beiträge von Barbara Koelges und Elmar Schackmann sowie Silja Geisler-Baum in diesem Band.
4 Ein Überblick über landesgeschichtliche Aktivitäten im Internet findet sich unter http:// www.regionalgeschichte.net/hauptportal/bibliothek/linksammlung/thematische-links/deutsche-landesgeschichte.html. Eine Verbindung aller landesgeschichtlichen Aktivitäten in Rheinland-Pfalz wäre wünschenswert, ist aber bislang noch nicht realisiert.
5 http://www.regionalgeschichte.net
6 http://www.1000-Jahre-Mainzer-Dom.de
7 http://www.auswanderung-rlp.de
8 http://www.klosterlexikon-rlp.de
9 http://www.regionalgeschichte.net/rheinhessen/aktive/gauss-gymnasium/startseite.html
10 http://www.inschriften-online.de
11 http://www.flurnamenlexikon.de
12 http://www.demokratiegeschichte.eu

Marianne Dörr

AUFGABEN UND FUNKTIONEN VON REGIONALBIBLIOTHEKEN

Regionalbibliotheken haben es nicht ganz leicht in der öffentlichen Wahrnehmung. Nicht jeder weiß, was sich hinter dem Begriff verbirgt, obwohl bei näherer Nachfrage kulturell und historisch interessierte Bürger meist eine Regionalbibliothek kennen und schon besucht haben. Über 60 Bibliotheken in Deutschland zählen sich heute zu diesem Typus.[1] Doch gerade die Vielfalt, auch der Benennungen, macht die Regionalbibliothek für die breite Öffentlichkeit zum unbekannten Wesen. Da gibt es wissenschaftliche Stadtbibliotheken wie in Mainz, Trier oder Nürnberg; die große Bayerische Staatsbibliothek in München, die Hofbibliothek Aschaffenburg, eine Landschaftsbibliothek Aurich; es gibt Landesbibliotheken, die sich nicht auf ein ganzes Bundesland, sondern auf historische Territorien (Badische und Württembergische Landesbibliothek, Lippische Landesbibliothek) beziehen. Verbindungen mit anderen Körperschaften wie bei der Universitäts- und Landesbibliothek Bonn oder der Universitäts- und Forschungsbibliothek Erfurt/Gotha sind ebenso Teil dieses bunten Tableaus wie die Herzog August Bibliothek Wolfenbüttel oder die Herzogin Anna Amalia Bibliothek in Weimar.

Was haben diese Bibliotheken gemeinsam? Ist solche Vielfalt nicht unzeitgemäß?

Regionalbibliotheken sind Ergebnisse der deutschen historischen Entwicklung, die je nach Territorium sehr unterschiedlich verlaufen konnte. Ihre Bestände spiegeln Charakteristika von Regionen bis in die heutige Zeit. Denn dies ist eine der Gemeinsamkeiten von Regionalbibliotheken: Die **Sammlung** von Literatur und Informationen aus und über ihre Region. Viele tun dies mit besonderem gesetzlichen Auftrag: Landesgesetze zur Pflichtablieferung verpflichten Verleger, ein Belegexemplar ihrer Produktion in der zuständigen Regionalbibliothek abzuliefern. Eine Besonderheit der deutschen Entwicklung liegt darin, dass dieses Pflichtexemplarrecht in einzelnen Territorien schon vor Hunderten von Jahren eingerichtet wurde (in Bayern für die damalige Hofbibliothek z. B. schon 1663). Auf nationaler Ebene begann dagegen die Archivierung der deutschen Verlagsproduktion erst 1913 mit der Gründung der Deutschen Bücherei in Leipzig und zwar auf Basis einer freiwilligen Selbstverpflichtung. Das erste **Gesetz** über die nationale Deutsche Bibliothek ist gerade einmal 41 Jahre alt. Deshalb ist es richtig, dass auch heute regionale Bibliotheken ihre Sammlungsauftrag weiterführen und sich nun auch der Herausforderung der langfristigen Archivierung von digitalen Publikationen stellen.

Über die Publikationen hinaus besitzen viele Regionalbibliotheken mittelalterliche und frühneuzeitliche Handschriften, die z. B. fürstlichen Sammlungen entstammen oder im Zuge der Säkularisation zu Anfang des 19. Jahrhunderts aus Klöstern der Region in die staatliche Obhut einer Regionalbibliothek überführt wurden. Zahlreiche Bibliotheken warten mit weiteren Sondersammlungen auf, so z. B. die Württembergische Landesbibliothek mit ihrer herausragenden Bibelsammlung. Auch Nachlässe und Archive von Gelehrten und Dichtern finden sich in Regionalbibliotheken, wie, um nur ein Beispiel zu nennen, der Nachlass von Georg Wilhelm Leibniz in der gleichnamigen Bibliothek (früher Niedersächsische Landesbibliothek) in Hannover.

Nicht nur die **Bewahrung und Pflege**, sondern selbstverständlich auch die **aktive Vermittlung** ihrer kulturhistorischen und wissenschaftlichen Bestände obliegt den Bibliotheken. Voraussetzung dafür ist eine adäquate **Erschließung**, die zunehmend durch eine Digitalisierung ergänzt wird. Bibliotheken wie die Herzog August Bibliothek Wolfenbüttel haben bereits ein eindrucksvolles digitales Angebot – doch auch die rheinland-pfälzischen Regionalbibliotheken sind auf dem Weg.[2]

Altbestand und Sondersammlungen der Regionalbibliotheken übersteigen häufig das regionale Interesse und stehen in nationalen und internationalen Bezügen. Doch der Sammlungs- und Arbeitsfokus der Bibliotheken liegt mehrheitlich auf der Region. Ganz allgemein gilt: Wer regionalbezogene Sammlungen und Informationen sucht, sollte sich zuallererst an „seine" Regionalbibliothek wenden. Dies kann zunächst auch virtuell geschehen, denn die Regionalbibliographien, die in den folgenden Beiträgen ausführlich vorgestellt werden und eine zentrale Dienstleistung der Regionalbibliotheken darstellen, sind längst online konsultierbar und die Zusammenfassung in einem Portal ermöglicht auch grenzüberschreitende Recherchen.

Regionalbibliotheken fungieren – zusammen mit den Archiven – als **Gedächtnis einer Region,** das die Publikationen der Gegenwart als zukünftiges Erinnerungsmaterial einschließt. Damit ist Identitätsstiftung und Bewusstmachung der regionalen Besonderheiten in Geschichte und Gegenwart verbunden. Regionalbibliotheken – dies macht gerade dieser Band deutlich – sind darüber hinaus als Knoten eines **kulturellen Netzwerks** zu sehen. Sie kooperieren mit unterschiedlichsten Akteuren: Autoren, Verlagen, Theatern, Medien, Landes- und Regionalhistorikern genauso wie Naturkundlern. Gerade die oft selbst bereits jahrhundertealten Vereine sind Partner der Regionalbibliotheken. Die Hessische Landesbibliothek Wiesbaden hat beispielsweise die Bibliotheken des Nassauischen Vereins für Naturkunde und die des Nassauischen Altertumsvereins übernommen und trägt für beide Vereine den Schriftentausch mit anderen Institutionen.

Kulturelle Netzwerke halten eine Region am Leben und machen sie mit ihren Informationen und Angeboten gerade auch für Zugezogene interessant. Damit üben sie durchaus eine integrierende Funktion aus. Neben der Kulturarbeit, die sich in Vorträgen, Ausstellungen, Veranstaltungen unterschiedlichster Art mit vielfältigen Partnern manifestiert, sind Regionalbibliotheken als **Bildungseinrichtungen** aktiv. Als wissenschaftliche Bibliotheken ergänzen sie oft auch die Informationsversorgungsfunktion der nahen Hochschulen und unterstützen die wissenschaftliche Weiterbildung. Außerdem haben sie unterschiedlichste Modelle der Schülerarbeit und der Kooperation mit Schulen entwickelt. Dabei stehen meist die Oberstufenschüler im Fokus, denen in der Bibliothek vermittelt wird, wie man systematisch Literatur bzw. Informationen zu einem Thema, z. B. für eine Facharbeit findet, bewertet und beschafft. Unter dem Stichwort Informationskompetenz steht die Recherche in Datenbanken und im Internet auf dem Programm. Einige Bibliotheken gehen darüber hinaus: In Schülerseminaren lassen sie, gemeinsam mit Lehrern, Schüler Fragestellungen anhand der Altbestände der Bibliothek erarbeiten. Die historische Authentizität der Quellen und Materialien lässt Geschichte erfahrbar werden und weckt oft anhaltendes Interesse.

Regionalbibliotheken haben ihren Auftrag und ihr Profil im Lauf der Zeit kontinuierlich fortentwickelt. Es ist zu hoffen, dass die reiche Landschaft der deutschen Regionalbibliotheken weiterhin dazu beiträgt, Vergangenheit für die Zukunft zu bewahren und regionale Kultur und Geschichte in der Gegenwart erles- und erlebbar zu machen.

Literaturhinweise:
Regionalbibliotheken in Deutschland. Hrsg. von Bernd Hagenau. Frankfurt am Main 2000 (Zeitschrift für Bibliothekswesen und Bibliographie, Sonderheft 78).
Dichternachlässe. Literarische Sammlungen und Archive in den Regionalbibliotheken von Deutschland, Österreich und der Schweiz. Hrsg. von Ludger Syré. Frankfurt am Main 2009 (Zeitschrift für Bibliothekswesen und Bibliographie, Sonderband 98).

1 Vgl. die Mitglieder der Arbeitsgruppe des Deutschen Bibliothekverbands unter: http://www.bibliotheksverband.de/regiobibo/start.html
2 Vgl. den Aufsatz von Barbara Koelges und Elmar Schackmann in diesem Band.

Ludger Syré

Was heisst und zu welchem Ende erstellt man Landesbibliographien?

Es kommt nicht alle Tage vor, dass ein Ministerpräsident einer Landesbibliographie höhere politische Weihen verleiht. Dies geschah im Jahre 1992 in Rheinland-Pfalz. Im Geleitwort zum ersten Band der Rheinland-Pfälzischen Bibliographie wertete Rudolf Scharping das neue Werk als Beleg dafür, „daß Rheinland-Pfalz nach 45 Jahren seines Bestehens zu einer integrativen Einheit der sehr unterschiedlich gewachsenen Geschichtslandschaften geworden ist" und verlieh zugleich der Hoffnung Ausdruck, dass die Bibliographie „einen wesentlichen Beitrag zur kulturellen Identität" leisten und das „Wir-Gefühl der Rheinland-Pfälzer" stärken werde.

Sicher ist, dass Bibliographien unverzichtbare Instrumente für jede fundierte und insbesondere für jede wissenschaftliche Beschäftigung mit einem Land sind.

Von dieser Prämisse ließ sich auch der in diesem Buch Gefeierte leiten, als er sich für das Handwerk des Bibliographen entschied und sich – über die Grenzen seines Landes hinausschauend – in der bundesweit agierenden Arbeitsgruppe Regionalbibliographie engagierte. Diese war erst wenige Jahre zuvor, 1983, innerhalb der Arbeitsgemeinschaft der Regionalbibliotheken ins Leben gerufen worden, um alle Detailfragen zum Thema Bibliographie von Experten beraten zu lassen. Michael Real arbeitete in diesem Kreis bereits zu einer Zeit mit, als sich in seinem Bundesland bibliographisches Sammeln noch in engen regionalen Grenzen bewegte und eine Landesbibliographie auf gesamt-rheinland-pfälzischer Ebene noch nicht abzusehen war. In einem weiteren Sinne demonstrierte

Foto: Martin Steinmetz

sein Engagement zudem den Anspruch der Wissenschaftlichen Stadtbibliotheken, einen eigenen Beitrag zur Sammlung landesbibliographischer Nachweise zu leisten.

Bibliothekare sind die geborenen Bibliographen; beide verbindet die Leidenschaft des Sammelns. Während der wissenschaftliche Bibliothekar den Bestand seines Hauses durch die Auswahl geeigneter Neuerwerbungen systematisch auf- und ausbaut, sammelt der Bibliograph – früher auf Papier, heute auf elektronischen Speichermedien – zwar nur die Titel von Werken, diese allerdings im Rahmen seines Themas in möglichst umfassender Weise. Was genau sammelt der Landesbibliograph? Welche Informationen enthält seine Bibliographie? Wer ist der Adressat bibliographischer Produkte und Angebote?[1]

Die Landes- oder, allgemeiner gesagt, die Regionalbibliographien blicken auf eine lange Tradition zurück. Der seit dem frühen 19. Jahrhundert zu registrierende Aufschwung der historischen Forschung, der als neue Teildisziplinen die Landesgeschichte und die Landeskunde entstehen ließ, führte zu einer Vermehrung der regionalbezogenen Literatur, welche ihrerseits die Notwendigkeit schuf, die Veröffentlichungen zu sammeln und regelmäßig anzuzeigen. Dies geschah im Interesse der beteiligten Wissenschaften, nicht selten aber auch in politischer Absicht des Landesherrn. Alle heutigen Landesbibliographien haben daher eine mehr oder minder große Zahl historischer Vorläuferbibliographien aufzuweisen.

In den Regionalbibliographien spiegelte sich die jeweilige territoriale Gliederung Deutschlands wider. Auf Veränderungen der territorialen Landkarte folgte in der Regel die Neubestimmung des regionalen Berichtsraums der Bibliographien, freilich meist mit einigem zeitlichen Abstand. Dies gilt auch für die Zeit nach dem Zweiten Weltkrieg, in der unsere heutigen Landesbibliographien entstanden sind, auch wenn sich manche von ihnen noch längere Zeit am Gebietsstand der Vorkriegszeit orientierten. In einigen alten Bundesländern kam es erst mit großer Verzögerung zur Gründung einer Landesbibliographie; im Osten Deutschlands brachte die Wiedereinführung der Länder den bibliographischen Neubeginn. Erst seit 1992 überzieht die Bundesrepublik ein annähernd flächendeckendes Netz von Landesbibliographien. In 15 von 16 Bundesländern (alle außer Bremen[2]) erscheinen heute laufende Bibliographien, die dem in den 1980er Jahren normativ definierten Typ der modernen Landesbibliographie entsprechen.

Aufgabe einer Regionalbibliographie ist es, die Literatur über eine Region, ihre historischen und aktuellen Teilgebiete, ihre Naturräume und ihre Orte sowie die mit der betreffenden Region verbundenen Persönlichkeiten (verstorbene wie lebende) zu verzeichnen. Deckt sich der geographische Berichtsraum einer Regionalbibliographie mit den Grenzen eines Bundeslandes, spricht man von einer Landesbibliographie. Als objektive Bibliographie erfasst sie die Literatur **über** ein Land und nicht das **in** einem Land verlegte oder gedruckte Schrifttum. Ebenso wenig ist es ihre Aufgabe, alle Veröffentlichungen von Autoren aus dem jeweiligen Land („Landeskinder") zu verzeichnen. Da sie, wie eingangs erwähnt, eine kulturpolitische Aufgabe erfüllt, wird ihre Erarbeitung und Veröffentlichung vom Staat finanziell gefördert. Ihre Erstellung ist eine Dienstaufgabe der Bibliotheken mit regionalen Aufgaben.

Aus den lange Zeit geschichtswissenschaftlich geprägten Regionalbibliographien sind in der zweiten Hälfte des 20. Jahrhunderts Universalbibliographien geworden, die alle Fachgebiete und Wissensbereiche berücksichtigen und damit einen deutlich hervortretenden Bezug zur Gegenwart aufweisen. Damit hat sich auch der Kreis der Bibliographiebenutzer erweitert: Waren die Regionalbibliographien früherer Tage vor allem Instrumente der historischen Disziplinen, so kann heute auch der an aktuellen Fragestellungen orientierte Wissenschaftler vom Gebrauch der Landesbibliographie profitieren. Infolgedessen zählen neben Historikern, Geographen und Kulturwissenschaftlern auch Interessenten aus den Bereichen Naturwissenschaft, Natur- und Umweltschutz, Politik und Verwaltung und aus vielen anderen Disziplinen zu den Zielgruppen einer Landesbibliographie.

Die Landesbibliographien erfassen neben der wissenschaftlichen Literatur auch die sogenannte Graue Literatur sowie audiovisuelle und elektronische Medien. Anders als die unterschiedlichen Vorgängerverzeichnisse streben sie größtmögliche Vollständigkeit an und überlassen die Auswahl der relevanten Literaturzitate dem Nutzer. Dieses Vorgehen entspricht dem gängigen Verständnis vieler Bibliographen und Dokumentare, aber nicht unbedingt den Wünschen der wissenschaftlichen Nutzergruppe. Es ist deshalb nicht zuletzt vor dem Hintergrund der wachsenden Informationsflut gefragt worden, ob inhaltliche und wertende Maßstäbe oder die Konzentration auf wissenschaftlich relevante Literatur nicht doch hilfreich wären. Ersatzweise sollten die Datenbanken entsprechende Selektionskriterien als Filterfunktionen anbieten.

Der grundsätzliche Anspruch auf Vollständigkeit und Universalität wird von jeder Landesbibliographie in unterschiedlichem Maße realisiert, wobei sich je nach Sichtweise der Bearbeiter und meist auch in Abhängigkeit von der Größe des geographischen Berichtsraumes die inhaltlichen Grenzen weiter oder enger stecken lassen. Uneinheitliche Behandlung erfahren beispielsweise belletristische Werke, insbesondere aus der Feder von Mundartautoren. Gleiches gilt für die oft schier unübersehbare Sekundärliteratur zu Dichtern, Schriftstellern und Philosophen, die in der Regel nur in strenger Auswahl und meist nur bei vorhandenen biographischen Bezügen berücksichtigt werden kann. Ausstellungskataloge werden – unabhängig von ihrem Thema – in jedem Fall aufgenommen, weil sie das kulturelle Leben eines Landes dokumentieren, Berichte von Kongressen, Messen und sonstigen Veranstaltungen nur dann, wenn inhaltliche Bezüge zum Land bestehen.

Die Herstellung einer Landesbibliographie gehört in Deutschland zu den Kernaufgaben der Regionalbibliotheken. In den seltensten Fällen wird man dafür eine rechtliche Grundlage finden. Die Aufgabe resultiert vielmehr aus der grundsätzlichen Funktionsbestimmung einer Regionalbibliothek und hängt ganz wesentlich mit einer anderen, von diesem Bibliothekstyp geleisteten Arbeit zusammen: der Sammlung und Archivierung von Pflichtstücken. Die Wahrnehmung des Pflichtexemplarrechts liefert nämlich die entscheidende Grundlage für die Erarbeitung einer Landesbibliographie. In Ländern, in denen mehrere Bibliotheken an der Ausübung dieses Rechts partizipieren, wird deshalb die Bibliographie kooperativ von mehreren Partnern erstellt; in Ländern ohne originäre Landesbibliothek nehmen die Universitäts- und Landesbibliotheken diese Aufgabe wahr.

Bis vor wenigen Jahren zielte bibliographische Arbeit auf die regelmäßige Veröffentlichung gedruckter Landesbibliographien. In ihren Buchausgaben präsentierten alle Bibliographien die Literatur zumindest in einem allgemeinen und in einem Orts- und Regionenteil, einige zusätzlich in einem Personenteil. Selbstverständlich waren ein Register der Verfasser und sonstigen beteiligten Personen sowie ein detailliertes Sachregister. Zu den Standards zählten auch ein Abdruck der kompletten

Systematik, der zugleich als Inhaltsverzeichnis fungierte, sowie eine Liste der regelmäßig ausgewerteten Zeitschriften. Auf freundliche Resonanz stieß die Beigabe einer Karte des geographischen Berichtsraums.

Inzwischen haben alle Landesbibliographien den Druck ihrer Bände eingestellt und bieten ihre Daten einzig in Form online recherchierbarer Datenbanken über das Internet an. Viele Bibliographien sind zudem dazu übergegangen, durch die retrospektive Konversion der Titelanzeigen in den gedruckten Bänden ihren Datenbestand rückwärtig zu erweitern. Je nach Beginn des Automatisierungszeitpunkts besitzen die Bibliographien Datenbestände, die bis über 300.000 Nachweise zählen. Die Internetfähigkeit der einzelnen Landesbibliographien sorgte zudem dafür, dass ein übergreifendes Recherecheinstrument in Form einer Metasuchmaschine installiert werden konnte. Mit der 2001 in Betrieb genommenen, schrittweise fast alle Landesbibliographien integrierenden *Virtuellen Deutschen Landesbibliographie* (VDL) wurde ein Instrument geschaffen, das eine länderübergreifende Recherche in einem Gesamtbestand von weit über einer Million Literaturnachweisen mit Hilfe einer einzigen Suchanfrage ermöglicht.

Die Einstellung der Landesbibliographien in das Internet bietet zudem die große Möglichkeit, die Bibliographien aus ihrer Isolierung zu lösen und ihren bislang auf den Literaturnachweis begrenzten Funktionsumfang um zusätzliche Komponenten zu erweitern. Die Verlinkung mit Webseiten und Internetquellen ist hier ebenso zu nennen wie die Weitervermittlung zu lokalen oder regionalen Plattformen der Dokumentbeschaffung und die Verknüpfung mit den elektronischen Dokumenten der nachgewiesenen Titel, die Bestandteil eigener oder fremder Volltextarchive sind. Die Bibliographie kann Mittelpunkt eines komplexen Datenbankangebotes werden, das sich aus sehr unterschiedlichen Quellen speist, aber unter einer einheitlichen Rechercheoberfläche präsentiert wird.

Darüber hinaus werden die Bibliographien in landeskundliche Portale eingebunden, um dort mit Netzangeboten anderer Institutionen ein umfassendes Informationssystem für die landeskundliche Forschung zu bilden. Der Aufbau von Regionalportalen nach dem Muster der *Bayerischen Landesbibliothek Online* (BLO), die als Vorreiter die bislang größte Anzahl landesbezogener elektronischer Ressourcen zur Verfügung stellt, schreitet in den Ländern voran. Ein Kernangebot dieser Portale bilden zum einen die Bibliographien, zum anderen die Personendatenbanken, die inzwischen von mehreren Landesbibliographien mit teils eigenen, teils fremden Daten aufgebaut und als zusätzliches Angebot ins Netz gestellt worden sind. Sie beschaffen den Portalen den biographischen Sucheinstieg, der ebenso wichtig ist wie der geographische. Projekte wie die bayerische BLO zeigen allerdings auch, dass allein die Bündelung bereits vorhandener Ressourcen nicht ausreicht, dem landeskundlich Interessierten genügend Material an die Hand zu geben. Erforderlich ist vielmehr eine in großem Stil betriebene Retrodigitalisierung forschungsrelevanter Editionen von zentraler landeskundlicher Bedeutung. Da diese Grundlagenwerke in der Regel in der jeweiligen Landesbibliographie verzeichnet sind, ergibt sich die Mitwirkung der Bibliographen an der Digitalisierung, die zur neuen Aufgabe von Landesbibliotheken geworden ist.

Zu einem solchen Landesportal wird jeder Ministerpräsident gerne den offiziellen Startschuss geben, denn es wäre ein weiteres willkommenes Mittel, das „Wir-Gefühl" der Landeskinder wachsen zu lassen.

---

1 Ausführliche Informationen und weiterführende Literatur zum Thema finden sich in dem Buch: Die Regionalbibliographie im digitalen Zeitalter. Deutschland und seine Nachbarländer. Hrsg. von Ludger Syré und Heidrun Wiesenmüller. Frankfurt am Main 2006 (Zeitschrift für Bibliothekswesen und Bibliographie, Sonderband 90).
2 Die Literatur über den Stadtstaat wird in Niedersachsen mitverzeichnet.

Lars Jendral

DIE *RHEINLAND-PFÄLZISCHE BIBLIOGRAPHIE* IM WANDEL EINES BERUFSLEBENS

Mehr als 335.000 Literaturangaben umfasst mittlerweile die *Rheinland-Pfälzische Bibliographie* (RPB).[1] Ein Hinweis auf den Aufsatz von Konrad Amann über die *Konfessionalisierung und Sozialdisziplinierung in Kurmainz unter den Reichserzkanzlern und Erzbischöfen von Mainz* [...] ist darin genauso verzeichnet wie eine *Grundsatzuntersuchung zur weitergehenden Abfallwirtschaft im Großraum Mainz-Wiesbaden* von Julia Bär; eine Festschrift über *125 Jahre Mainzer Ruder-Verein von 1878 e. V.* von Matthias Dietz-Lenssen findet sich neben einem DVD-Video über *60 Jahre Waldwirtschaft in Rheinland-Pfalz*.

Diese kleine Titelauswahl zeigt zweierlei: Die ursprünglich enge, inhaltliche Ausrichtung einer herkömmlichen Landesbibliographie auf die Regionalhistorie ist in der RPB überwunden worden zugunsten eines breiteren, landeskundlichen Ansatzes. Das heißt, dass jede Publikation, die in irgendeiner Art und Weise Rheinland-Pfalz, seine Naturräume, Orte, Baudenkmäler oder Menschen behandelt, in die Bibliographie aufgenommen wird. Dabei ist Vollständigkeit oberste Leitlinie, sodass auf jede Form inhaltlicher Wertung verzichtet wird. Lediglich ein Mindestumfang ist erforderlich.

Die inhaltliche Öffnung auf alle Wissensgebiete korrespondiert mit der Offenheit in formaler Hinsicht. So stellt neben der Verzeichnung von Monographien, also den „normalen Büchern", vor allem die regelmäßige Auswertung von ca. 1.400 Zeitschriften und zahlreicher Sammelbände die alltägliche Aufgabe der Erfasserinnen und Erfasser dar. Aber auch Karten,

VHS-Videos, DVDs und seit ein paar Jahren Netzpublikationen, die wie Web-Sites beispielsweise nur noch über das Internet veröffentlicht werden, dokumentieren, dass sich die landesbibliographische Verzeichnung immer wieder dem veränderten Publikationsverhalten anpasst.

Als die RPB Anfang der neunziger Jahre des letzten Jahrhunderts im Auftrag des Ministeriums für Wissenschaft und Weiterbildung aus der Taufe gehoben wurde – mithin über 40 Jahre nach der Gründung des gleichnamigen Bundeslandes – war es noch selbstverständlich, dass das Ergebnis dieses bibliographischen Großunternehmens in einem Druckband erscheinen musste. Aber selbst bei diesem ersten, in gediegenem, landes-rotem Leinen gebundenen Band mit dem Berichtsjahr 1991 fand die Erfassung der Titel bereits mithilfe der EDV statt. Bis zu dessen Fertigstellung mussten binnen weniger Monate die erforderlichen Entscheidungen getroffen – nicht zuletzt die, mit welcher Software gearbeitet werden sollte – und mit der Erfassungsarbeit begonnen werden. Beteiligt waren die beiden Landesbibliotheken in Speyer und Koblenz sowie die wissenschaftlichen Stadtbibliotheken in Mainz und Trier, die für den jeweiligen Bereich das Pflichtexemplarrecht innehaben. Seit den frühen Vorplanungen der achtziger Jahre und erst recht seit dem konkreten Projektstart 1990 war Michael Real für die Mainzer Stadtbibliothek an allen Vorarbeiten und Diskussionen als Mann der ersten Stunde beteiligt und hat alle noch zu schildernden Entwicklungen mitgestaltet.

Die damals auch von ihm gelegten Grundlagen haben in vielen Bereichen Bestand: So erfolgt bis heute die eigentliche Titelaufnahme nach dem im deutschen wissenschaftlichen Bibliothekswesen üblichen Regelwerk RAK-WB. Über diese Formalerschließung hinausgehend erhält grundsätzlich jede Aufnahme eine geographische Zuordnung sowie eine Sachnotation der RPB-eigenen Systematik als Sacherschließungselement. Zusätzlich ist eine verbale Sacherschließung in Form von Schlagwörtern möglich, die im Laufe der Jahre quantitativ zugenommen hat.

Auch der Bibliothekssoftware allegro-C hält die RPB – trotz der stürmischen Entwicklung auf dem EDV-Sektor – die Treue.

Ansonsten hat jedoch der Siegeszug des Internets die Zusammenarbeit zwischen den Bibliotheken, vor allem aber das Produkt der Landesbibliographie grundsätzlich gewandelt. Fand anfänglich – heute schon fast kurios wirkend – die Meldung der Titel an die Koblenzer Zentralredaktion mit auf dem Postwege versandten Disketten statt, so ist diese Form des Datenversands längst einem automatischen, allnächtlichen Zusammenspiel gewichen.

Als eine der ersten deutschen Regionalbibliographien präsentierte die RPB ihren Bestand im Internet: 1996 wurde der Jahresband 1995 als HTML-Datei bereitgestellt und bald darauf die bis dahin erschienenen Druckbände nachgeschoben.

Seit dem Frühjahr 1998 wird die RPB als echte Online-Datenbank im Internet angeboten. Da diese Datenbank jedes Mal, wenn die Titelmeldungen der Bibliotheken zusammengespielt wurden, durch neu erfasstes Material erweitert wurde, verlor der nur jährlich aufgelegte Druckband zusehends an Aktualität und Bedeutung. Konsequenterweise stellte die RPB im Frühjahr 2001 mit dem Erscheinen des zehnten Bandes (Berichtsjahr 2000) den Druck ein.

Als Folge wurde die bisherige Arbeitspraxis auf den Prüfstand gestellt und die Konzeption vom Druckband weg ganz auf die Online-Datenbank als nunmehr einziges Produkt umgestellt. Die bislang eingeschränkten Suchmöglichkeiten wurden erheblich erweitert. Unter anderem wurde eine Freitextsuche realisiert, um an Google orientierten Suchgewohnheiten Rechnung zu tragen. Die Suche nach Orten und Regionen sowie nach Schlagwörtern liefert durch neue Indexierung präzisere Ergebnisse. Die wichtigste Neuerung war allerdings der Einbau der systematischen Suche über eine Baumstruktur. In derselben Struktur sind im Folgenden auch die geographischen und historischen Regionen des Landes abgebildet und alternativ zur logischen Suche recherchierbar. Ergänzend zu dieser Regionen-Suche ist zudem eine Suche in der Ortssystematik integriert worden.

Nachdem dieser Umstrukturierungs- und Innovationsprozess abgeschlossen worden war, rückte die inhaltliche Abrundung der Datenbestände in den Mittelpunkt. Die Literaturhinweise in der RPB begannen mit dem Berichtsjahr 1991. Das hatte zur Folge, dass alle vor diesem Stichjahr erschienenen Titel – und mochten sie noch so bedeutsam sein – nicht in der RPB auftauchten. Stattdessen waren diese Titel mit Erscheinungsjahr vor 1991 in den Vorgängerbibliographien verzeichnet worden, deren umfangreichste die *Pfälzische Bibliographie* und die

Mittelrhein-Moselland-Bibliographie waren. Beide lagen dank Retrokatalogisierungsmaßnahmen maschinenlesbar vor und konnten 2007 in die RPB eingespielt werden. Allerdings klaffte für den Pfälzer Bereich eine Lücke zwischen den Jahren 1954 bis 1990, für die nur die Druckbände vorlagen. In einer gemeinsam mit der Historischen Kommission des Landtags Rheinland-Pfalz finanzierten Aktion wurden 2008 in einem ersten Schritt die fehlenden Bände eingescannt und mit der OCR-Texterkennungssoftware behandelt. In einem zweiten Schritt wurden alle erfassten Datensätze von zehn studentischen Hilfskräften manuell so strukturiert, dass das Erschließungsschema der RPB im Fließtext der Titelaufnahme ablesbar war. Alle bearbeiteten Datensätze wurden erneut geprüft und anschließend automatisch importiert. Insgesamt handelte es sich um 65.240 Datensätze. Am 30.10.2008 wurde die so erweiterte Datenbank in Speyer in Anwesenheit des Landtagspräsidenten Mertes der Öffentlichkeit präsentiert.

Mit Abschluss zweier 2009 angestoßener Retroprojekte, die auch die Mainzer Region betreffen,[2] werden alle umfangreichen regionalbibliographischen Verzeichnisse online in der RPB recherchierbar sein. Das wichtige Stichjahr 1991 wird damit nurmehr von historischem Interesse sein.

Abgesehen von diesen großen Zuwächsen durch die geschilderten Retroergänzungen beläuft sich der reguläre jährliche Zuwachs der RPB mittlerweile (2008) auf 15.653 Titel. 1991 waren es lediglich 3.881 gewesen.

Läuft das Erfassungsgeschäft in geordneten Bahnen, steht die RPB hingegen vor veränderten Erwartungshaltungen der Nutzerschaft. Der alleinige Literaturhinweis genügt vielen nicht mehr: gewünscht werden zunehmend Volltexte bzw. der direkte Zugriff auf die erforderliche Information.

Um diesem Anspruch gerecht zu werden, werden die vom rheinland-pfälzischen Digitalisierungsprojekt *dilibri*[3] bereitgestellten, gescannten Publikationen in der RPB nachgewiesen und verlinkt. Auch die Kurzbiographien der *Rheinland-Pfälzischen Personendatenbank* (RPPD) befriedigen das Bedürfnis nach sofortiger Information. Diese als Nebenprodukt der RPB gestartete Datenbank versammelt die Lebensdaten, Wirkungsorte, Berufe sowie eine Kurzbiographie von für Rheinland-Pfalz bedeutenden Persönlichkeiten. Durch Kooperationen und mittels der vollständigen automatischen Übernahme von einigen Personenlexika – so konnten mit Genehmigung von Wilhelm Huber und dem Mainzer Schmidt-Verlag 601 Personen-Datensätze aus dem *Mainz-Lexikon*[4] übernommen werden – umfasst die RPPD bereits knapp 8.000 Personen-Datensätze. Alle sind mit den betreffenden Titelsätzen der RPB verlinkt und bieten neben dem direkten Informationsangebot zu der gefragten Person zudem eine komfortable Suche nach Literatur von und über eine Person.

Ein weiterer Service ist die Einbindung des Kartenmaterials von Google Maps, das die Lage der gesuchten Orte und Regionen direkt aus Titelaufnahmen heraus ermöglicht. Der ortsbezogene Kartenausschnitt erlaubt es beispielsweise auch dem brasilianischen Familienforscher, die Herkunft seiner Vorfahren geographisch einzuordnen.

Diese hier kurz angerissenen Punkte verdeutlichen, dass sich die Landesbibliographien verstärkt mit anderen landeskundlichen Informationsangeboten vernetzen müssen. Hierzu zählt nicht nur die Einbindung der Datenbestände in vorrangig bibliothekarische Zusammenhänge wie die *Digitale Bibliothek NRW*[5] oder die *Virtuelle deutsche Landesbibliographie*,[6] über deren Metasuchmaschine die RPB seit 2001 mit mittlerweile nahezu sämtlichen Regionalbibliographien mit einer einzigen Suchanfrage zu durchsuchen ist.

Vielmehr müssen die Landesbibliographien mit ihren einheitlich erschlossenen Datenmengen Kernmodul landeskundlicher Informationssysteme werden. Dabei ist – insbesondere in kleinen Bundesländern wie dem unseren – die Integration in bestehende, vom Fachpublikum angenommene und genutzte Angebote der Vorzug vor redundanten Eigenschöpfungen zu geben. Für Rheinland-Pfalz sei zuvorderst die Kooperation mit dem Internetportal *regionalgeschichte.net* genannt, das vom Institut für Geschichtliche Landeskunde an der Universität Mainz initiiert wurde.[7] Mit der Integration der RPB in das Portal wurden hier sinnvolle Ansätze geschaffen, die weiter ausgebaut werden sollen.

Die RPB zählt damit heute zu den besonders innovativen Regionalbibliographien in Deutschland. Michael Real hat sie durch seine Mitarbeit auf ungezählten Sitzungen bereichert und über all die Jahre für ein hohes Maß an Kontinuität gesorgt. Dafür gilt ihm unser herzlicher Dank.

1 http://www.rpb-rlp.de
2 Es handelt sich um Hans Knies: Mainz und Rheinhessen. Eine Bibliographie für die Jahre 1939–1954 (Mainzer Zeitschrift, Band 51). Mainz 1956 und um Detlev Johannes: Alzeyer Bibliographie (Alzeyer Geschichtsblätter, Sonderheft 2). Alzey 1968.
3 http://www.dilibri.de
4 Wilhelm Huber: Mainz-Lexikon. 3600 Stichworte zu Stadt, Geschichte, Kultur, Persönlichkeiten. Mainz 2002.
5 http://www.digibib.net
6 http://www.ubka.uni-karlsruhe.de/landesbibliographie/
7 Vgl. den Beitrag von Elmar Rettinger in diesem Band.

ELEKTRONISCHE PFLICHTEXEMPLARE

Das elektronische Publizieren hat sich in den letzten Jahren unstrittig zu einem herausragenden Phänomen auf dem Publikationsmarkt entwickelt. Auch wenn gerade in Deutschland von Seiten der klassischen Verlage ein vergleichsweise vorsichtiger Umgang mit den neuen Distributionsmöglichkeiten zu verzeichnen ist, prägt das elektronische Publizieren inzwischen insbesondere den Bereich der Veröffentlichung wissenschaftlicher Erkenntnisse.

Der Begriff des „Elektronischen Publizierens" bezeichnet alle Formen der Veröffentlichung und Verbreitung von Informationen im Netz bzw. anderen, auch trägergebundenen, Distributionskanälen in digitaler Form. Hierunter fallen beispielsweise druckbildähnliche Objekte wie Aufsätze oder Monographien (überwiegend im PDF-Format), aber auch Web-Sites, Online-Tagebücher, Themenforen, Kommunikationsplattformen wie Twitter, Datenbanken u. v. m. Im Einzelnen handelt es sich dabei häufig um Mischformen, die mehrere der genannten Aspekte enthalten können. An dieser sicher nicht erschöpfenden Aufzählung wird bereits deutlich, dass sich das Feld des Publizierens deutlich verändert hat und diese Veränderungen erhebliche Konsequenzen für die Sammlungen von Bibliotheken haben:

– Publizieren ist erheblich einfacher geworden.
Mit geringem technischem und finanziellem Aufwand kann nahezu jeder elektronisch publizieren. Wie wirksam Publikationsplattformen wie YouTube sein können, belegen die hohen Ab-

rufzahlen und Karrieren, die auf dieser Basis beginnen: Ohne größere Vorinvestitionen kann ein Millionenpublikum erreicht werden.

– Die Nachnutzung elektronischer Publikationen ist stark vereinfacht.
Leicht erkennbare Originale oder Einzelstücke mit Spuren einer individuellen Besitzgeschichte gibt es in dieser Form nicht mehr. Die leichte Veränderbarkeit der Objekte verwischt die Reichweite des Begriffs der Authentizität. Schwierige Fragen zum Urheberschutz und zur Konkurrenz verwertungsmotivierter Publikationen neben rein verbreitungsmotivierten sind eine weitere Folge.

– Eine spezifische technische Infrastruktur wird erforderlich.
Neben bekannten Diensten des Internets stehen konkrete Anforderungen an Systeme, wie beispielsweise die dauerhafte Auffindbarkeit der Publikationen durch persistent identifier sicherzustellen.

– Klassische Bezugsgrößen wie die Monographie oder der Zeitschriftenbeitrag werden durch eine Vielzahl neuer Publikationsformen ergänzt und abgelöst.
Die Bedeutung von strukturierenden Informationen, die Zusammenhänge und Abhängigkeiten zwischen einzelnen Objekten beschreiben und transferfähig vorhalten, wächst.

– Digitale Informationsobjekte sind leicht verbreitbar, gleichzeitig aber in hohem Maße fragil.
Sobald eine Datei fehlerhaft ist und sich dadurch einer Interpretation unter Umständen entzieht oder aber die entsprechende Hard- und Software nicht oder nicht mehr zur Verfügung steht, endet die Verbreitungskette. Bei Übernahme solcher Datenobjekte in eine Gedächtnisorganisation muss die Einrichtung

Vorsorge treffen, dass sie den Zugang auch auf Dauer sicherstellen kann.

Was ergibt sich aus diesen hier nur kursorisch angerissenen Entwicklungen für die Arbeit von Pflichtexemplarbibliotheken? Dazu einige Antwortansätze aus dem Erfahrungskontext der Deutschen Nationalbibliothek.

Nationalbibliotheken haben zum Teil seit hunderten von Jahren den Auftrag, die „nationale" Produktion an Publikationen zu sammeln, zu erschließen, vor allem aber zu archivieren und der Öffentlichkeit auf Dauer zur Verfügung zu stellen. In Deutschland nimmt diesen Auftrag seit 1913 – damals unter dem Namen Deutsche Bücherei gegründet – die Deutsche Nationalbibliothek wahr. Ihr Auftrag wird zuletzt in der Neufassung des entsprechenden *Gesetzes über die Deutsche Nationalbibliothek* von 2006 beschrieben.[1] Der Sammelauftrag bezog sich seit der Gründung der Bibliothek bis zu dieser Neufassung im Wesentlichen auf Publikationen, die in Deutschland öffentlich in gedruckter Form publiziert wurden und bestimmte formale Kriterien erfüllten. Aber auch digitale Publikationen auf physischen Trägern gehörten dazu, ferner Veröffentlichungen im Ausland zu Deutschland und Übersetzungen deutscher Literatur in andere Sprachen.[2]

Mit dem *Gesetz über die Deutsche Nationalbibliothek* vom 22. Juni 2006 hat die Einrichtung nun seit drei Jahren den Auftrag, auch „Medienwerke in unkörperlicher Form", d. h. „Darstellungen in öffentlichen Netzen" zu sammeln. Dahinter steht der Gedanke, dass das „Gedächtnis der Nation" zunehmend auch in digitalen Medienwerken erscheint und dass diese Materialien einen immer wesentlicheren Bestandteil unserer Überlieferungskultur ausmachen.

Die Nationalbibliothek, die in der Vergangenheit mit klar definierten formalen Kriterien eine Auswahl aus dem insgesamt veröffentlichten Material traf und so etwa Einblattveröffentlichungen, nicht öffentlich zugängliches Material, Veröffentlichungen von unter vier Seiten oder Auflagen unter zehn Exemplaren nicht in die Sammlung einbezog, stößt nun auf eine neue Problemdimension. Denn eine inhaltliche Selektion etwa aufgrund qualitativer Kriterien hat die Deutsche Nationalbibliothek nie vorgenommen und tut es auch heute nicht.

Nun lässt sich aber bei den originär digitalen Veröffentlichungsformen beispielsweise der Umfang einer Publikation nicht mehr als Auswahlkriterium heranziehen, sind zum Beispiel Flugblätter und vergleichbare tagesaktuelle Veröffentlichungen und Meinungsäußerungen nicht ohne eine vertiefte inhaltliche Beschäftigung als solche zu erkennen. Angesichts der Masse des Materials scheidet die intellektuelle Beschäftigung damit allerdings von vornherein aus. Allein die Zahl der de-Domains wird auf deutlich über zwölf Millionen geschätzt, eine wirklich seriöse Schätzung zu den dahinterliegenden Datenmengen existiert nicht – liegen doch viele Publikationen hinter technischen Schutzwällen, die Suchmaschinen aussperren. Dennoch kann es sich dabei immer um potentiell relevantes Material für die Nationalbibliothek handeln.

Wenn also formale Auswahlkriterien im Web nicht mehr einfach angewandt werden können und wenn gleichzeitig die Menge des zu sichtenden Materials so stark ansteigt, ist klar, dass die Nationalbibliothek – und das gilt in gleicher Weise für jede Pflichtexemplarbibliothek, so auch für die Stadtbibliothek Mainz – unter Druck gerät, geeignete Verfahren für die Selektion, vor allem aber für die Erschließung und Archivierung sowie die dauerhafte Bereitstellung zu entwickeln. Als Maßstab zur Bestimmung des Sammlungsumfangs ist im Gesetz der Nationalbibliothek grundsätzlich festgelegt, dass die Aufnahme einer Veröffentlichung in die Sammlung im öffentlichen Interesse liegen muss. So sind zum Beispiel Webauftritte rein privaten oder werblichen Inhalts von der Sammlung ausgeschlossen. Diese Festlegung will nicht den Wert dieser Auftritte, die zum

Beispiel wichtiges zeithistorisches Material enthalten können, infrage stellen. Sie reflektiert aber, dass Bibliotheken, selbst die mit Vollständigkeitsanspruch, schon im Druckzeitalter nie alles lückenlos sammeln konnten. Diese Situation verschärft sich im Bereich der digitalen Publikationen.

Grundsätzlich wird die Nationalbibliothek den Vollständigkeitsanspruch ihrer Sammlung auch für die digitale Publikationswelt aufrechterhalten. Gleichzeitig muss sie aber mehr denn je verdeutlichen, dass die Bemühung um seine Einlösung nur eine Annäherung in Schritten sein kann. Die Mengensituation macht es erforderlich, weitgehend automatisierte Ablieferungsverfahren einzusetzen. Im Prinzip ist im deutschen Recht der Veröffentlichende verpflichtet, sein Werk abzuliefern. Technisch gesehen sind es aber neben manuell gesteuerten Ablieferungen via Webformular[4] abholende Verfahren (Harvesting), die die Bibliothek bevorzugt einsetzt.[5] Eine vollständige Archivierung der deutschen Domains inklusive aller anderen sprachlich oder ihren Urhebern nach relevanten Domains ist jedoch angesichts der Fülle des Materials nicht intendiert. Neben der Menge ist ein weiterer Faktor die Komplexität einzelner Objekte und ihrer Bearbeitung insbesondere unter dem Gesichtspunkt ihrer Langzeitverfügbarkeit. Wenn sich angesichts ästhetisch anspruchsvoller und technisch komplex gestalteter Netzliteratur zeigt, dass der Bearbeitungsaufwand für ein einzelnes Objekt so hoch ist, dass mit dem gleichen Aufwand hunderte anderer relevanter Objekte bearbeitet werden könnten, wird die Entscheidung zugunsten der höheren Bearbeitungszahl fallen. Die Schaffung einer geeigneten Datenverarbeitungs-Infrastruktur ist schließlich auch finanziell und personell eine Herausforderung.

Der Erschließung der Netzpublikationen kommt eine besondere Bedeutung zu, denn auch wenn die textlichen (und in Zukunft auch bildlichen oder auditiven) Elemente der Objekte mithilfe von Informationstechnik durchsuchbar sind, gebietet die Fülle des Materials, dass dem Nutzer geeignete Navigations- und Suchwerkzeuge an die Hand gegeben werden. Insbesondere für Netzpublikationen unternimmt die Nationalbibliothek besondere Anstrengungen, maschinengestützte Verfahren zu entwickeln, die es erlauben, eine größere Zahl dieser Objekte angemessen zu erschließen. Ziel ist die Entwicklung eines Stufenmodells zur weitgehend automatischen Erschließung für letztlich alle Medienwerke im Sammelauftrag der Deutschen Nationalbibliothek. Diese Entwicklung wird auch Veränderungen bei Erschließungsstandards nach sich ziehen: Gegenüber formal-deskriptiven Informationen werden Verknüpfungs- und Strukturinformationen wichtiger.

1 Vgl. dazu http://bundesrecht.juris.de/pflav/index.html, zu den Sammelrichtlinien: http://d-nb.info/994853092.
2 Vgl. dazu allgemein die Web-Seite der Bibliothek unter http://www.d-nb.de.
3 In der Neufassung des Gesetzes wurde diese Grenze auf 25 Exemplare angehoben.
4 http://www.d-nb.de/netzpub/ablief/np_schritte_registrierung.htm
5 Vgl. hierzu http://www.d-nb.de/netzpub/index.htm.

Barbara Koelges,
Elmar Schackmann DAS DIGITALISIERUNGSPORTAL *DILIBRI*
RHEINLAND-PFALZ

Im Jahr 2006 rief die Europäische Kommission die Mitgliedstaaten zur Beteiligung am Aufbau einer *Europäischen Digitalen Bibliothek* auf.[1] Im gleichen Jahr stellte die FDP im Landtag Rheinland-Pfalz eine kleine Anfrage, in der es u. a. darum ging, welchen Beitrag das Land bisher zum Aufbau dieser Europäischen Digitalen Bibliothek geleistet hat.[2] Die Beantwortung der Anfrage listete Einzelinitiativen u. a. des Landesbibliothekszentrums Rheinland-Pfalz (LBZ)[3] und der Universität Trier auf, so z. B. Projekte des Kompetenzzentrums für elektronische Erschließungs- und Publikationsverfahren in den Geisteswissenschaften an der Universität Trier und die von der Universitätsbibliothek Trier betreuten Projekte der Digitalisierung der *Oeconomischen Encyklopädie* von J. G. Krünitz und der Werke Friedrich des Großen, die beide von der DFG gefördert wurden.

Im Errichtungserlass des LBZ ist die Digitalisierung als eine der Aufgaben ausdrücklich festgeschrieben. Daher begann das LBZ im Jahr 2004, Quellen zur mittelrheinischen Geschichte und Landeskunde zu digitalisieren und auf einfache Art und Weise ins Internet zu stellen. Die Originaldrucke wurden eingescannt bzw. bereits vorhandene digitale Aufnahmen verwendet. Mithilfe eines Bildbearbeitungsprogramms wurde für jedes Werk ein Web-Album erstellt, bei dem die Navigation an die Besonderheiten des jeweiligen Albums angepasst wurde.[4]

Um jedoch auch größere Textsammlungen und Bildwerke landeskundlichen Inhaltes wie z. B. das *Mittelrheinische Urkundenbuch*, die sogenannten „Rhein-Alben" oder auch Adress-

Ansicht Bingen, aus: *Album des Rheins*. Eine Sammlung der interessantesten Ansichten zwischen Köln, Koblenz und Mainz. Köln: Eisen, (1847). http://nbn-resolving.de/ urn:nbn:de:0128-1-6839

bücher in digitaler Form anzubieten, wurde die Anschaffung einer professionellen Software nötig. Diese sollte neben einer nutzerfreundlichen Aufbereitung der Digitalisate u. a. die Möglichkeit der automatischen Texterkennung von verschiedenen Schrifttypen sowie eine Suchmaschinentechnologie anbieten. Ebenfalls erforderlich war ein Set von Schnittstellen für den Datenaustausch, damit die beschreibenden Daten (Meta-Daten) der digitalisierten Werke möglichst weit verteilt werden können.

In einer fast dreijährigen Marktbeobachtungs- und Recherchephase wurden mehrere Produkte bewertet und getestet. Diese Softwarelösungen wurden in verschiedenen Bibliotheken im In- und Ausland für die Erstellung und Verwaltung von digitalen Sammlungen eingesetzt. Nach dieser Testphase entschied sich das LBZ in Absprache mit der Universitätsbibliothek Trier im Sommer 2007 für die Anschaffung der damals recht neuen Software *Visual library*, die dem von beiden Einrichtungen aufgestellten Anforderungsprofil am nächsten kam.

In einer von September bis Dezember 2007 dauernden Pilot-phase wurde das Digitalisierungsportal mit dem Kunstnamen *dilibri* von der Universitätsbibliothek Trier und dem LBZ in Zusammenarbeit mit der Softwarefirma aufgebaut. Im Januar 2008 wurde *dilibri* allen interessierten rheinland-pfälzischen Bibliotheken vorgestellt und die Teilnahmebedingungen erläutert.

Um einen gemeinsamen Rahmen für die einzustellenden Inhalte zu haben, vereinbarten die *dilibri*-Partner folgende Richtlinien:

1. Schwerpunkt ist die Bereitstellung von landeskundlichen Werken zu Rheinland-Pfalz sowie von Beständen aus rheinland-pfälzischen Bibliotheken.

2. Zum Scannen gelangen Monographien aller Art, Zeitungen und Zeitschriften sowie Karten. Unselbständige Publikationen werden nur in Ausnahmefällen aufgenommen.

3. Bevorzugt werden solche Werke eingestellt, die nicht bereits in anderen Digitalisierungsprojekten gescannt und bereitgestellt werden. Ob dies der Fall ist, wird für jedes Digitalisat geprüft unter besonderer Berücksichtigung des Google-Projekts der Bayerischen Staatsbibliothek München.

4. Ausnahmen sind sinnvoll bei Werken, deren Printausgaben stark genutzt werden, bei Werken, deren Scan-Qualität in anderen Projekten zu wünschen übrig lässt (z. B. ausklappbare Seiten wurden nicht gescannt) sowie bei Scans, die im Benutzerauftrag erstellt wurden.

5. Werke, von denen Faksimiles oder Nachdrucke neueren Datums existieren, werden nur in Ausnahmefällen der Digitalisierung zugeführt.

6. Idealerweise soll die „ideal copy" als Vorlage für die Digitalisierung dienen.

7. Aktuell werden nur gemeinfreie Werke in *dilibri* eingestellt und unter der Creative Commons License, Attribution-Non-Commercial-ShareAlike 3.0[5] angeboten.

Kartenausschnitt, aus: Adam Ionathan Felsecker Seel: *Geographisches Kriegs-Theatrum der Kaÿserlichen und Reichs- wie auch Frantzösischen Armee am Rhein-Strom*. Nürnberg, (nach 1734). http://nbn-resolving.de/urn:nbn:de:0128-1-8991

Diese Richtlinien müssen den sich ständig ändernden Rahmenbedingungen im Digitalisierungsumfeld angepasst und in Absprache zwischen den *dilibri*-Partnern aktualisiert werden.

Die Webpräsentation von *dilibri* bietet eine intuitive Navigation innerhalb eines digitalisierten Objektes, eine Anzeige der Scans in verschiedenen Größen und meist eine Art Inhaltsverzeichnis für das jeweilige Objekt. PDF-Dateien des gesamten Objektes oder von einzelnen Kapiteln stehen in der Regel zum Herunterladen bereit. Eine Volltext- und Metadatensuche über den gesamten Bestand wird ebenso geboten wie die Suche innerhalb eines Objektes. Es gibt weiterhin die Möglichkeit des Browsens im Gesamtbestand sowie das Angebot, die neu eingestellten Digitalisate per RSS-Feed abzufragen. Für die Nutzung von *dilibri* sehr erfreulich ist das gute Ranking der Objekte in Google und Co. So finden sich viele Werke auf Platz 1 der Suchergebnisse bei Google.[6]

Das LBZ versteht sich als Innovations- und Servicezentrum für alle Fragen der Informations- und Literaturvermittlung und sieht es als seine Aufgaben an, rheinland-pfälzische Bibliotheken bei dieser Zukunftsaufgabe zu unterstützen. So wurde die Idee einer landesweiten, gemeinsam nutzbaren Plattform für Digitalisierung geboren. Die in Digitalisierungsfragen bereits erfahrene Universitätsbibliothek Trier konnte von Anfang an als Kooperationspartner für *dilibri* gewonnen werden. Die Stadtbibliothek Mainz arbeitet seit Sommer 2008 aktiv mit. Zunächst hat sie einige historische Mainzer Fastnachtszeitungen und Adressbücher in *dilibri* veröffentlicht und arbeitet derzeit an der Bereitstellung von Unikaten und Rara mit Mainzer Impressum. Der Standort Pfälzische Landesbibliothek des LBZ, die Stadtbibliothek Trier sowie die Bibliothek des Priesterseminars Trier werden die nächsten Teilnehmerbibliotheken sein. Der größere Teilnehmerkreis wird dazu beitragen, die Attraktivität von *dilibri* für private wie wissenschaftliche Nutzer der Digitalisierungsplattform weiter zu steigern.

Einige der bisher an dem Projekt beteiligten Einrichtungen haben gemeinsam mit weiteren rheinland-pfälzischen Bibliotheken unter Federführung der Universitätsbibliothek Trier einen Förderantrag bei der Deutschen Forschungsgemeinschaft (DFG) auf den Weg gebracht, um ca. 4000 Drucke des 16. und 17. Jahrhunderts aus ihren Beständen in *dilibri* einzubringen. Digitalisiert werden sollen ausschließlich Bücher, die nicht bereits in anderen Projekten (insbesondere bei der Bayerischen Staatsbibliothek München, der Herzog August Bibliothek Wolfenbüttel und der Universitäts- und Landesbibliothek Sachsen-Anhalt) digitalisiert werden oder dort zur Digitalisierung vorgesehen sind.

In Bezug auf rheinhessische Themen ist schon heute in *dilibri* einiges Material zu finden. Mit den illustrierten Rheinbüchern des 19. Jahrhunderts und der Sammlung historischer Rheinlaufkarten aus dem Bestand des LBZ, Standort Rheinische Landesbibliothek, ist ein großer Fundus für die Recherche zu rhein-

Dom zu Mainz, aus: Ludwig Lange: *Malerische Ansichten der merkwürdigsten und schönsten Cathedralen, Kirchen und Monumente der gothischen Baukunst am Main, Rhein und der Lahn.* Frankfurt/Main: Jügel, 1843. http://nbn-resolving.de/urn:nbn:de:0128-1-5753

97

hessischen Themen und Orten gegeben. Ob Gau-Algesheim, Ober-Olm, Mainz-Gonsenheim, Stadecken-Elsheim – zu jedem dieser Orte bietet *dilibri* Textauszüge, Bilder oder Karten. Sucht man z. B. mit dem Stichwort „Gonsenheim" im prominent angebrachten Suchfeld, erhält man zahlreiche Treffer, darunter die Darstellung von Gonsenheim in Vogels *Rheinpanorama* von 1833 und in Delkeskamps *Malerischem Reise-Atlas des Rheins* von 1844, aber auch Erwähnungen in den Zeitungen *Mainzer Schewwel*, *Raketen* und *Narrhalla*.[7]

Eine weitere für regionalgeschichtlich Interessierte wichtige Veröffentlichungsgruppe sind die Schulschriften. Sie sind in *dilibri* nach Orten sortiert, sodass sowohl über die Schnellsuche als auch über die systematische Suche über Schulschriften nach Orten gesucht werden kann. Hier findet man Schulschriften des 19. und frühen 20. Jahrhunderts der Gymnasien von Alzey, Bingen, Mainz etc., so z. B. die *Geschichte der Mainzer Realschule* aus dem Jahr 1906.

Schließlich spielt das Thema Wein für die Region Rheinhessen eine große Rolle. In *dilibri* sind ältere Wein-Zeitschriften digitalisiert, so z. B. die *Deutsche Weinzeitung* (ab 1864) und das *Journal des rheinländischen Weinbaus* (1827–1828).

dilibri hat seine Stärken also im regionalen Ansatz. Im Gegensatz zu der leider nicht selten auftretenden Meinung, Google digitalisiere ohnehin alles, beweist *dilibri*, dass es viele Werke bereitstellt, die von Google noch nicht gescannt wurden und auch nicht in den Google-Partnerbibliotheken vorhanden sind. Es ist gelungen, Werke ans Licht der Öffentlichkeit zu bringen, die bislang nicht mit den einschlägigen elektronischen Rechercheinstrumenten nachzuweisen waren.

Im Laufe des Jahres 2010 werden die *dilibri*-Daten über eine dann bereitstehende Schnittstelle in das europäische Digitalisierungsportal *europeana*[8] eingebracht, womit das Land Rheinland-Pfalz einen guten Beitrag zur Verbreitung seiner Werke in dieser wichtigen kulturellen europäischen Sammlung leistet.

Vue de Mayence, aus: Ridder C. Howen: *Vues pittoresques depuis Francfort jusqu'à Cologne*. Paris: Engelmann, 1824. http://nbn-resolving.de/urn:nbn:de:0128-1-1485

1 http://www.europa-web.de/europa/03euinf/07eukomm/eudigbibliothek.htm (Stand: 17.9.09)
2 http://www.landtag.rlp.delandtag/drucksachen/303-15.pdf (Stand: 17.9.09)
3 Im Landesbibliothekszentrum (LBZ), 2004 errichtet, wurden die Rheinische Landesbibliothek in Koblenz, die Landesbüchereistelle Rheinland-Pfalz in Koblenz, die Staatliche Büchereistelle Rheinhessen-Pfalz in Neustadt an der Weinstraße, die Pfälzische Landesbibliothek in Speyer sowie die Bibliotheca Bipontina in Zweibrücken zusammengeführt.
4 Näheres siehe: Barbara Koelges; Elmar Schackmann: Digitalisierungsprojekte im Landesbibliothekszentrum / Rheinische Landesbibliothek, in: Bibliotheken heute 1 (2005), Heft 3, S. 132–134.
5 http://creativecommons.org (Stand: 30.9.09)
6 http://www.google.de/search?q=rheinische+geschichtsblaetter (Stand: 17.9.09)
7 Mehr zu den Fastnachtszeitungen im Beitrag von Silja Geisler-Baum in diesem Band.
8 http://www.europeana.eu (Stand: 27.9.09)

Silja Geisler-Baum

POLITISCHE SPRACHROHRE UND NÄRRISCHE ORGANE FÜR „KOHL, HÖHEREN BLÖDSINN UND SCHWEWWEL".
Digitalisierte Mainzer Fastnachtszeitungen bei *dilibri*

Als Sammlung digitalisierter landeskundlicher Werke zu Rheinland-Pfalz ist *dilibri* die ideale Plattform für die Stadtbibliothek Mainz, um Bestände mit regionalem Bezug im Internet zu präsentieren und damit ihre Funktion als Regionalbibliothek für Rheinhessen auch auf diese Weise zu verfolgen.

Das erste Projekt, mit dem die Bibliothek bei *dilibri* eingestiegen ist, war im Jahr 2008 die Digitalisierung von insgesamt 22 Fastnachts- und sechs anderen Mainzer humoristischen Zeitungen des 19. Jahrhunderts. Die Mainzer Fastnacht ist ein Stück Stadtgeschichte, das in der Mainzer Bevölkerung seit jeher auf großes Interesse stößt. Daher fiel die Wahl der Fastnachtszeitungen als erste zu digitalisierende Sammlung nicht schwer. Die Mainzer Fastnachtszeitungen sind als wichtige und zum größten Teil seltene Materialien zur Mainzer (Fastnachts-)geschichte regional und überregional von besonderem Interesse und reichen bis ins Jahr 1838 zurück. Als Zeitzeugen dokumentieren sie nicht nur die Ereignisse der fünften Jahreszeit, sondern spiegeln auch kulturelle, gesellschaftliche und wirtschaftliche Entwicklungen insgesamt wider.

Die Geschichte der organisierten Mainzer Straßen- und Saalfastnacht beginnt 1837, als der Kaufmann Nikolaus Krieger im Krähwinkeler Landsturm die zuvor einzeln durch die Stadt ziehenden närrischen Gruppen vereinte und damit den Vorläufer des Rosenmontagszuges schuf. Im Januar 1838 gründete sich der Mainzer Carneval-Verein, der fortan die Mainzer Fastnacht organisierte. Aus dem gleichen Jahr stammt auch die älteste der nunmehr digitalisierten Fastnachtszeitungen, der

Mainzer Carnavalsnarr [sic]. Mit zwei Nummern à vier Seiten Umfang und verlegt von „Christian Hastdengarnitgesehe?? Oh!!" in „Mainz bei Zahlbach", gab der *Carnavalsnarr* sich als publizistischer Spaß und wurde nach diesen beiden Ausgaben nicht fortgesetzt. Als kleines Büchlein mit Illustrationen kam die *Mainzer Fastnachtschronik* ebenso im zweiten Jahr der Narrheit heraus. Die Verfasser Maximilian Langenschwarz und Andreas Schumacher berichten darin rückblickend und „noch ganz Verrücktheit" über „die schönen Tage des Narrenjux". Umfangreicher und etwas ausdauernder gab sich 1839 – 40 der *Mainzer Carneval-Almanach*, doch auch dieser bescherte der karnevalistischen Publizistik noch keine Kontinuität.

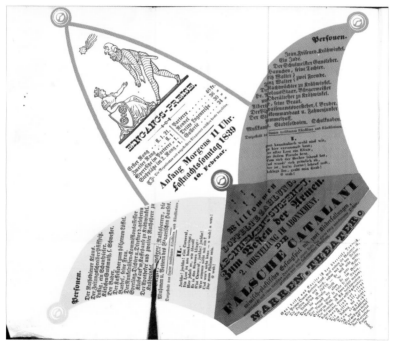

Theaterzettel, aus: *Mainzer Carneval-Almanach*. Hrsg. von dem neugebornen Hanswursten. Mainz: von Zabern, 1839. http://nbn-resolving.de/urn:nbn:de:0128-3-300

Die wohl berühmteste der digitalisierten Fastnachtszeitungen ist die älteste noch heute erscheinende Mainzer Fastnachtszeitung *Narrhalla*, die 1841 aus der Taufe gehoben wurde.[1] Anfangs war sie politisch geprägt und wandte sich mit linksliberalem Gedankengut an Leser im gesamten deutschen Südwesten. Nach der Märzrevolution von 1848 wurde ihr Erscheinen vorerst eingestellt. Das Programm für die Fastnachtstage jenes Jahres wurde noch am 20. Februar angekündigt, kurz darauf hieß es jedoch in der siebten Lieferung der *Narrhalla*: „Wir leben in einer großen, einer verhängnisvollen Zeit. Die wichtigsten, welterschütternden Ereignisse drängen sich und halten die europäischen Völker in ernster Spannung. Eine solche Zeit bedarf eines anderen Streiters als des Jokus [...]. Die Mainzer Carnevals-Gesellschaft hat daher, die eigene und die allgemeine Stimmung richtig würdigend, diesmal die vorbereiteten Faschingsfeierlichkeiten eingestellt." Rosenmontagsumzug und Fastnachtsposse fielen aus; die Fastnachtszeitungen (seit 1844 gab es mit der *Neuen Mainzer Narrenzeitung* ein Konkurrenzblatt zur *Narrhalla*) feierten das vermeintliche Erreichen ihrer politischen Ziele. „Eine Fastnacht wie die diesjährige hat die Welt noch nicht gesehen. [...]. Deutschland, welch' einen Schlag hast Du dem Fasching versetzt! Du hast Deinen Michel fortgejagt und bist ein edler stattlicher Mann geworden, den keiner mehr ungeahnt verspotten darf" verabschiedete sich die *Neue Mainzer Narrenzeitung* aus der Saison 1848; die *Narrhalla* sang ein Loblied auf die Pressefreiheit: „Lust und Heiterkeit werden zurückkehren; der Witz, nicht mehr wie früher durch leidige Maßregeln gebunden, wird frei und keck seine Bolzen abschießen". Die politische Entwicklung verlief jedoch ganz anders, und die Mainzer Fastnacht erfuhr eine fast zehnjährige Unterbrechung. Mitte der 1850er Jahre begann die Wiederbelebung allen Hindernissen zum Trotz, und 1857 erschien die *Narrhalla* erneut, weiterhin politisch, aber mehr auf Mainz zugeschnitten. Weitere Unter-

Narrhalla. Carnevalszeitung für die Saison 1841. Hrsg. von Dr. F. Wiest. Mainz: Wirth, 1841. http://nbn-resolving.de/urn:nbn:de:0128-3-285

brechungen und wechselnde Redakteure bedeuteten jeweils Veränderungen in der inhaltlichen Ausrichtung – auch derart, dass „Kohl, höherer Blödsinn und Schwewwel" (so der Untertitel in den Jahren 1875 – 78) die politische Komponente verdrängten.

Neben der *Narrhalla*, die vergleichsweise beständig, wenn auch nicht lückenlos erschien, gab es im 19. Jahrhundert weitere närrische Blätter, die jedoch nur kurz, häufig sogar nur für eine Saison auftauchten, und die zum Teil noch wenig erforscht sind. Die Voraussetzungen hierfür sind durch den freien Zugang zu den digitalisierten Ausgaben deutlich verbessert, nicht allein aufgrund der zeit- und ortsunabhängigen Nutzungsmöglichkeit, sondern auch durch eine detaillierte Erschließung. Insgesamt laden knapp 4000 eingescannte Seiten aus dem Fastnachtszeitungsprojekt sowohl Wissenschaftler als auch allgemein (kultur-)historisch Interessierte zum Schmökern per Mausklick ein.

---

1 Aus urheberrechtlichen Gründen finden sich von dieser Zeitung keine aktuellen Ausgaben bei *dilibri*.

Iris Hartmann,
Birgit Heinz,
Regina Kania

ALLES ÜBER RHEINHESSEN.
Wie Regionalliteratur in die Stadtbibliothek gelangt

Billy Crash präsentiert seine neue CD *Bluesworscht* im Frankfurter Hof. Der Musikverlag Schott erfreut Jugendliche und Erwachsene mit einer Saxophon-Schule. Das Landesamt für Vermessung und Geobasisinformation bringt eine neue topographische Karte für Rheinland-Pfalz auf CD-ROM heraus. Die Evangelische Kirchengemeinde Zornheim hat zur Einweihung der Orgel eine Festschrift verfasst. Eltern zuckerkranker Kinder erhalten wertvolle Ratschläge in der Zeitschrift *Diabetes-Eltern-Journal* des Verlages Kirchheim. Schüler der Staudingerschule Worms haben ein *Worms-Memory* erarbeitet[1]

Dies sind nur einige Beispiele für Medien, die über und in Rheinhessen erscheinen. Die Vielfalt ist groß und es handelt sich nicht nur um Bücher. Sie alle sind in der Wissenschaftlichen Stadtbibliothek Mainz vorhanden, die sich als Regionalbibliothek für Mainz und Rheinhessen versteht. So ist ihre Aufgabe die Sammlung und Archivierung des regionalen Schrifttums, seine bibliographische Erfassung und seine Bereitstellung für die Benutzung.

Ein Teil der Regionalliteratur gelangt auf gesetzlicher Grundlage ins Haus; zu nennen sind in diesem Zusammenhang das *Pflichtgesetz* (§ 14 des Landesmediengesetzes Rheinland-Pfalz vom 4.2.2005 = LMG) mit seinen Durchführungsverordnungen und die Verwaltungsvorschrift der Landesregierung Rheinland-Pfalz vom 14.12.2004.[2] Das LMG legt fest, dass Verleger, aber auch Privatpersonen und Institutionen in den kreisfreien Städten Mainz und Worms und in den Landkreisen Mainz-Bin-

Foto: Martin Steinmetz

gen und Alzey-Worms von jedem Medienwerk (dazu zählen z. B. auch Landkarten und Zeitungen), das sie herausgeben, unentgeltlich ein Exemplar (Pflichtexemplar) an die Stadtbibliothek Mainz abzuliefern haben. Diese Publikationen müssen nicht zwangsläufig eine regionale Thematik haben. Dennoch machen die Belegexemplare der etwa 50 Verlage in unserem Zuständigkeitsbereich einen großen Teil der Regionalliteratur aus, die in die Bibliothek gelangt. Die Verwaltungsvorschrift von 2004 regelt die Abgabe der von den Behörden und Dienststellen des Landes Rheinland-Pfalz veröffentlichten Amtsdruckschriften, die an die Stadtbibliothek und eine Reihe weiterer Bibliotheken kostenlos abgeliefert werden.

Andere Medien mit Regionalbezug sind unterschiedlich umfangreiche Schriften über Feste, Jubiläen oder zu Ehren bedeutender Persönlichkeiten, herausgegeben von Kommunen und Kirchengemeinden, Firmen und Vereinen. Dieses sogenannte

Graue Schrifttum gilt es (ebenso wie die Pflichtexemplare, die nicht unaufgefordert zugeschickt werden) zu ermitteln und für die Bibliothek zu erbitten.

Wie geht dieses Ermitteln vor sich? Eine Fundgrube sind die Zeitungen in Mainz und Umgebung – die *Allgemeine Zeitung* mit sechs Regionalausgaben, die *Mainzer Rhein-Zeitung* und überregionale Zeitungen mit Lokalteil für Mainz und Rheinhessen. Auch in Zeitschriften und Prospekten werden für die regionale Sammlung relevante Titel genannt. Weitere Informationsquellen sind Angebote in Buchhandlungen in der Region, Auslagen verschiedener Ämter sowie (literarische) Sendungen im Regionalfernsehen oder –rundfunk. Lesungen einheimischer Autoren können zur ersten Kontaktaufnahme genutzt werden.

Wurde eine Neuerscheinung in Erfahrung gebracht, muss sie im nächsten Schritt beschafft werden. Daneben gibt es aber auch viele Anfragen „auf gut Glück", ausgehend von denjenigen Zeitungsberichten, die keine Veröffentlichung erwähnen. Allen „runden" Jubiläen (25, 50, 75 usw. Jahre) sind Anlass zur Nachforschung, ob es eine Publikation gibt. Dazu werden auf Grund des Zeitungsartikels ein Ansprechpartner und seine Adresse herausgesucht. Das Internet leistet bei dieser bibliothekarischen Detektivarbeit gute Dienste, weil inzwischen fast jeder Verein, jeder Ort und jede Institution einen eigenen Internetauftritt hat. Meistens per Mail, seltener per Fax oder Post erhält die gefundene Person ein Anschreiben, in dem die Stadtbibliothek kurz vorgestellt und nach einer Publikation gefragt wird. Eine kostenlose Abgabe ist meistens möglich. Erfolgt keine Rückmeldung, wird die Anfrage wiederholt. Viele freuen sich über das Interesse an ihren Schriften. Autoren, Vereine etc., die mit der Praxis seit vielen Jahren vertraut sind, geben ihre Publikationen häufig unaufgefordert ab.

In der Region ansässige Autoren, Musikgruppen, Solisten etc. werden unabhängig von der Thematik ihrer Werke angeschrieben und freundlichst um Zusendung gebeten. Auch sie überlassen der Bibliothek vieles als Geschenk. Ebenso sind, trotz des teilweise hohen Beschaffungsaufwandes, Dissertationen mit einem Mainz oder Rheinhessen betreffenden Inhalt und diejenigen Arbeiten, die mit dem Gutenberg-Stipendium ausgezeichnet werden, von großem Interesse für die Bibliothek.

Viele Publikationen mit regionalem Bezug sind jedoch keine Pflichtstücke oder können aus anderen Gründen nicht kostenlos bezogen werden. Da die Zielsetzung ist, Regionalliteratur möglichst vollständig – auch unabhängig von Sprache und Erscheinungsland – zu erwerben und auf Dauer zu archivieren, wird die Finanzierung, im Bedarfsfall auch von Mehrfachexemplaren,[3] durch ein eigenes Budget für Regionales sichergestellt, das auch in Zeiten schlechter Haushaltslage prinzipiell keiner Kürzung unterliegt.

Die auf diese Weise erbetenen oder erworbenen Publikationen aus und über Mainz, Rheinhessen und Rheinland-Pfalz werden für den Online-Katalog der Wissenschaftlichen Stadtbibliothek mit Schlagwörtern sachlich erschlossen und in die Rheinland-Pfälzische Bibliographie aufgenommen.[4] Je nach Thematik und Ausstattung stehen sie den Leserinnen und Lesern zur Ausleihe aus dem Freihandbereich, dem Magazin oder zur Benutzung im Lesesaal zur Verfügung. So können sich Interessierte unter verschiedensten Gesichtspunkten über die Region informieren.

1 Die Liste ließe sich nahezu unendlich fortsetzen. Daher sind die genannten Titel lediglich zufällig ausgewählte Beispiele und geben keine qualitative Wertung im Vergleich mit anderen, nicht aufgeführten Medien ab.
2 Details sind auf der Homepage der Bibliotheken der Stadt Mainz (http://www.bibliothek.mainz.de) unter A Z/Pflichtexemplar zu finden, außerdem in: 200 Jahre Stadtbibliothek Mainz. Hrsg. von Annelen Ottermann und Stephan Fliedner. Wiesbaden 2005 (Veröffentlichungen der Bibliotheken der Stadt Mainz, Band 52), S. 237 ff.
3 Monographien mit Mainz-Bezug werden grundsätzlich mindestens zweifach eingearbeitet.
4 Vgl. hierzu auch den Aufsatz von Ingrid Holzer in diesem Band.

Ingrid Holzer

DIE REGIONALBIBLIOTHEK FÜR RHEINHESSEN.
Eine Fundgrube – nicht nur für Historiker

Die Wissenschaftliche Stadtbibliothek Mainz mit einem Gesamtbestand von derzeit rund 656.000 Medien zählt zu den größten kommunalen wissenschaftlichen Bibliotheken Deutschlands. Sie dient vorrangig der Forschung, dem Studium und der Weiterbildung. Das breite Spektrum ihrer Aufgaben soll in diesem Beitrag allerdings nicht vorgestellt werden, hierüber ist 2005 eine umfassende Festschrift[1] erschienen. Vielmehr wird einer ihrer Schwerpunkte dargestellt, der in der zusätzlichen Benennung Regionalbibliothek für Rheinhessen zum Ausdruck kommt. Den Namen Regionalbibliothek für Rheinhessen führt die Wissenschaftliche Stadtbibliothek Mainz offiziell seit dem Jahr 2007 als Zusatz, um auf die besondere Funktion für die Region, die die Bibliothek seit Jahrzehnten wahrnimmt, hinzuweisen. In dieser Funktion sammelt die Stadtbibliothek Mainz alles, was über Mainz und die Region Rheinhessen publiziert wird. Dabei orientiert sie sich sowohl an den heutigen wie auch an den historischen Grenzen. Die Wahrnehmung des sogenannten Pflichtexemplarrechts für Rheinhessen ist die rechtliche Grundlage für ihre Sammeltätigkeit, da die Verlage aus der Region ihre Veröffentlichungen der Stadtbibliothek zur Verfügung stellen müssen.

Die Stadtbibliothek Mainz ist aus diesem Grunde eine der vier landeskundlich orientierten Bibliotheken in Rheinland-Pfalz, die seit 1991 an der *Rheinland-Pfälzischen Bibliographie* (RPB) mitarbeiten. Die Bibliographie erfasst dabei auch die Literatur über das Gebiet Rheinhessen. Die interessierten Bürger finden in der Bibliographie nicht nur die allgemein zugänglichen **Bücher**, **CDs** oder **DVDs** über Rheinhessen, die auch in Bibliotheken oder im Buchhandel nachgewiesen werden, sondern auch eine große Auswahl an **Aufsätzen** aus Sammelbänden, Zeitungen und Zeitschriften – die sogenannte unselbständig erschienene Literatur – und zwar aus allen Fachgebieten. Im Internet[2] kann jeder Interessierte in der Landesbibliographie recherchieren und sich durch Mausklick Kopien einzelner Aufsätze, z. B. über den Wormser Dom oder das Judentum in Mainz, bestellen, die dann per Post verschickt werden.

In der RPB wurden zunächst Titel ab Erscheinungsjahr 1991 nachgewiesen. Durch die Einspielung von Datenbanken, die durch Retrokonversion von regionalen Bibliographien aus dem Berichtsraum vor 1991 entstanden sind, konnte der Verzeichnungszeitraum erheblich erweitert werden.[3]

Seit 1920 wurde in der Stadtbibliothek Mainz der sogenannte Moguntinenkatalog aufgebaut. Dies ist ein Zettelkatalog, der Veröffentlichungen über Mainz, über Mainzer Autoren oder von Mainzer Autoren nachweist und eine sachliche Recherchemöglichkeit bietet. Im Gegensatz zu dem alphabetischen Katalog, in welchem man nach Titeln und Autoren sucht, hat der Benutzer hier die Möglichkeit, unter einem bestimmten Begriff oder Sachgebiet zu suchen. Der Moguntinenkatalog hat ein Volumen von schätzungsweise 40.000 Titeln und umfasst überwiegend Aufsatzliteratur. Ab 1997 wurde er nicht mehr weitergeführt, da die Literatur zu Mainz online in der RPB nachgewiesen wird. Teile dieses Katalogs, vor allem die Monographien, sind allerdings inzwischen in die RPB eingespielt worden, sodass zusätzlich 11.000 Titel der Stadtbibliothek Mainz, die vor 1991 erschienen sind und sich inhaltlich in irgendeiner Form auf Mainz beziehen, online gefunden werden können. Wünschenswert – nicht nur von Seiten der Bibliothek, sondern auch von vielen Benutzern – wäre die manuelle

Retrokatalogisierung der restlichen Titel des Moguntinenkatalogs, um die Informationen in digitaler Form in die RPB übernehmen zu können, sodass auch diese Daten weltweit genutzt werden könnten.

Großes Gewicht legt die Stadtbibliothek auf gezielte Öffentlichkeitsarbeit, um Schüler, Studenten, Lehrer, Wissenschaftler, Heimatforscher oder andere interessierte Bürger auf ihre regionale Sammeltätigkeit aufmerksam zu machen. So hat sie beispielsweise im Jahre 2006 zum 15-jährigen Jubiläum der RPB in ihrem Haus eine Ausstellung initiiert, die bemerkenswerte Einblicke in die Sammlung regionaler Literatur gab. Es wurden nicht nur Bücher, Zeitschriften und Zeitungen gezeigt, sondern auch CDs, DVDs, Videos sowie Spiele. Begleitend zur Ausstellung fand eine dreiteilige Vortragsreihe über regionale Verlage statt, die von der Mainzer Bibliotheksgesellschaft, dem Förderverein der Bibliothek, veranstaltet wurde.

Als ständiges Angebot ist ein Büchertisch mit jeweils aktueller regionaler Literatur im Ausleihbereich der Stadtbibliothek eingerichtet, der von den Lesern sehr gut angenommen wird. Ein eigens konzipierter umfassender Informationsflyer über die Regionalbibliothek wurde nicht nur im Gebäude der Stadtbibliothek ausgelegt, sondern gezielt an Schulen, Vereine, Institutionen und Personen verschickt, um auf die Publikationen über die Region in der Stadtbibliothek Mainz hinzuweisen und Recherchemöglichkeiten aufzuzeigen.

Des Weiteren wurde auf der Homepage der Bibliothek eine Seite über die Regionalbibliothek für Rheinhessen eingerichtet und damit die Verlinkung von anderen Web-Seiten dorthin ermöglicht.[4] Darüber hinaus wird die Öffentlichkeit über die regionale Spezialsammlung auf der jährlich stattfindenden Mainzer Büchermesse, durch Einladung der Kultur- und Weinbotschafter Rheinhessen, durch die Mainzer Museumsnacht und in Zukunft auch durch Schulungen zu Recherchemöglichkeiten in der RPB informiert. Schließlich hat auch die hier vorliegende Publikation zum Ziel, noch mehr interessierte Bürger für die Regionalbibliothek für Rheinhessen zu gewinnen.

Die Ausstellung 15 *Jahre Rheinland-Pfälzische Bibliographie. Unser Land im Internet* lief vom 6. Oktober 2006 bis zum 27. Januar 2007 in der Wissenschaftlichen Stadtbibliothek Mainz. Foto: Martin Steinmetz

1 200 Jahre Stadtbibliothek Mainz. Hrsg. von Annelen Ottermann und Stephan Fliedner. Wiesbaden 2005 (Veröffentlichungen der Bibliotheken der Stadt Mainz, Band 52).
2 http://www.rpb-rlp.de
3 Vgl. den Aufsatz von Lars Jendral in diesem Band.
4 Beispielsweise ist die Seite der Regionalbibliothek für Rheinhessen auf http://www.rhein-hessen.de verlinkt.

Silja Geisler-Baum

DIE THEATERBIBLIOTHEK
Sondersammlung mit Mainz-Bezug und musikgeschichtlichem Quellenwert

Bei der Theaterbibliothek handelt es sich um die noch über-
lieferten Teile der Sammlung an Aufführungsmaterialien des
früheren Mainzer Stadttheaters (heute Staatstheater), deren
Aufbewahrung und Erschließung 1985 die Wissenschaftliche
Stadtbibliothek übernahm. Am 31. Juli 2002 wurde der Stadtbibliothek rückwirkend zum 1. Januar 1986 auch das Eigentum
an dem Notenbestand übertragen. Die Sammlung umfasst
also nicht die Theater bezogenen Bestände der Stadtbibliothek insgesamt, sondern ist ein historisch gewachsener Spe-
zialbestand.

Die Musikalien stammen aus den Bereichen Oper, Operette,
Schauspiel- und Konzertmusik (darunter sinfonische Musik,
Potpourris, Tanz- und Marschmusik). Die Arten der Quellen
sind vielfältig und unterscheiden sich je nach Verwendungs-
zweck: Dirigierpartituren, Soufflierbücher, Klavierauszüge für
Solisten und Inspizienten sowie Einzelstimmen für das Orches-
ter sind, je nach Werk, unterschiedlich vollständig überliefert.

Thematisch vergleichbare, zum Teil aber noch umfangreiche-
re Bestände gibt es z. B. in Coburg, Detmold, Dessau, Schwe-
rin, Frankfurt/Main oder Regensburg. Da viele Theatermusik-
sammlungen, wie beispielsweise Darmstadt, Mannheim und
Kassel, im Zweiten Weltkrieg zerstört wurden, kommt jenen
wie in Mainz erhalten gebliebenen erhöhte Bedeutung zu.

Das Material spiegelt das musikalische Repertoire des 1833
mit Mozarts *La Clemenza di Tito* eröffneten Stadttheaters wider – eine handschriftliche Partitur der Oper in der Theaterbibliothek ist etwa um diese Zeit zu datieren; ob aus ihr zur

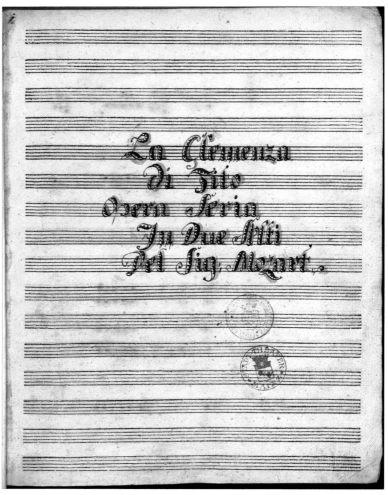

Wolfgang Amadeus Mozart: *La Clemenza di Tito*. Handschriftliche Partitur in zwei Bänden, ca. 1830. Wissenschaftliche Stadtbibliothek Mainz, ThB 169, 1 und 2

114

Eröffnung gespielt wurde, lässt sich aber nicht belegen.

Aus der Anfangszeit des Theaters ist insgesamt jedoch relativ wenig überliefert, und neuere Ausgaben sind ebenso in verhältnismäßig kleinem Umfang zu finden (während es früher üblich war, das Aufführungsmaterial für das Theater käuflich zu erwerben, wird heutzutage hauptsächlich aus Leihmaterial gespielt). Der Großteil der Noten stammt aus der Zeit zwischen 1860 und 1920. In diesem Zeitraum waren, wie das Opernmaterial aussagt, z. B. Werke von Wolfgang Amadeus Mozart, Daniel-François-Esprit Auber, Carl Maria von Weber, Albert Lortzing, Giuseppe Verdi, Richard Wagner, Johann Strauß (Vater und Sohn) und Franz von Suppé in Mainz besonders beliebt. Diese Werke gehören zum typischen Repertoire eines deutschen bürgerlichen Theaters des 19. Jahrhunderts.

Aber nicht nur über das Repertoire, auch über einzelne Inszenierungen in Mainz und über die Aufführungspraxis gibt die Theaterbibliothek Auskunft. Nicht selten finden sich in die Noten eingelegte (Notiz-)Zettel, beispielsweise mit Skizzen von Bühnenbildern oder Regieanweisungen. Ganz üblich sind auch handschriftliche Vermerke, Kürzungen in Form von durchgestrichenen Systemen, eingeklappten, zusammengeklammerten oder auch zusammengenähten Seiten. Ein Beispiel für einen besonderen Fund dieser Art ist die Partitur von Ferruccio Busonis musikalisch-fantastischer Komödie *Die Brautwahl*, die in einer Ausgabe zwei Fassungen des Werks enthält: Die gedruckte Partitur ist in großem Umfang mit roter Farbe überschrieben und einige Stellen sind überklebt. Die so entstandene zweite Fassung ist um 139 Seiten gekürzt. An der Änderung war neben dem Dirigenten Arthur Bodanzky auch Busoni selbst beteiligt, der *Die Brautwahl* für die Aufführung am Mannheimer Nationaltheater 1913 bearbeitet hat. Damit besitzt die in Mainz überlieferte Partitur einen einzigartigen Quellenwert für die Überlieferung dieses Werks.

Weitere einmalige oder seltene Funde in der Theaterbiblio-

Ferruccio Busoni: *Die Brautwahl*. Musikalisch-Fantastische Komödie nach E.T.A. Hoffmanns Erzählung. Partitur mit handschriftlichen Einträgen. Berlin: Harmonie, ca. 1914. Wissenschaftliche Stadtbibliothek Mainz, ThB 36

thek sind die Handschriften und die zahlreichen Gelegenheits-
werke (für die Mainzer Bühne komponierte Einlagen), aber
auch seltene Erstdrucke und frühe Ausgaben. Auch einige
Autographen und Autogramme sind enthalten, die besonders
für die lokale Musikgeschichtsforschung eine Rolle spielen. Als
Beispiel sei die handschriftliche Partitur des Walzers *Mainzer
Leben* von Ferdinand Pöpperl genannt, die der Komponist ei-
genhändig am 5. Juli 1902 unterzeichnet hat. Das Werk wurde am 24. August 1902 zum ersten Mal „mit großem Erfolg"
öffentlich gespielt; eine zweite Aufführung am 17. Juli 1904
wurde sogar „mit stürmischem Erfolg" gegeben, wie die Eintragung in der Kontrabass-Stimme verrät. Mainz-Bezug haben
auch mehrere Drucke, darunter Béla Kélers *Mainzer Carnevals
Polka* op. 79 (ca. 1867) oder Jeschko Ludwigs *Eisenbahn-Galopp*
zur Eröffnungsfeier der Eisenbahnbrücke in Mainz (1862).

Ferner lässt sich das Wirken einzelner Persönlichkeiten am
Mainzer Theater an dieser Sammlung nachvollziehen. Mit Emil
Steinbach kam beispielsweise 1877 als Chefdirigent des Thea-
terorchesters ein Wagnerianer nach Mainz und prägte bis 1910
das Musikleben der Stadt. Er machte die Mainzer Bühne neben Dresden, München und Karlsruhe zu einer der führenden
in der Interpretation von Wagners Werken – zunächst als Diri-
gent, 1899 – 1903 auch als Direktor des Theaters. In der Theaterbibliothek ist aus der Ära Steinbach vieles überliefert, was
die Eintragung seines Namens auf zahlreichen Notenausgaben
oder auch die an ihn gerichteten Widmungen anderer Komponisten zeigen.

Im 19. Jahrhundert und frühen 20. Jahrhundert war es üblich,
dass die Verlage ihr Notenmaterial für bestimmte Aufführungen an einzelne Theater verkauften. So finden sich auf zahlreichen Ausgaben entsprechende Vermerke, die Auskunft darüber geben, für welche Inszenierung sie einmal angeschafft
wurden. Auch lassen sich so „Wanderschaften" einzelner
Bestände nachvollziehen, denn häufig nahmen Theaterdi-

rektoren ihre Noten bei einem Ortswechsel mit. Die Mainzer Sammlung profitierte beispielsweise von zahlreichen Ausgaben, die der Bremer Theaterdirektor Adolf Rösicke einst für dortige Aufführungen angeschafft hatte und 1880 nach Mainz mitbrachte.

Da die Theaterbibliothek nicht mehr vollständig war, als die Stadtbibliothek die Betreuung übernahm, sind einzelne wichtige Quellen aus der Sammlung leider als Verlust zu verzeichnen. Dennoch ist der Umfang dieses Sonderbestands enorm: er umfasst ca. 600 Opernpartituren und -klavierauszüge, ca. 100 Texthefte, das Aufführungsmaterial (d. h. Stimmen, Rollenhefte, Regieanweisungen und Klavierauszüge) zu ca. 170 Opern und ca. 3.400 Ausgaben von Werken aus dem Bereich der Konzertmusik. Darunter lassen sich bei einer systematischen Beschäftigung mit dem Bestand sicherlich noch weitere Raritäten finden – die Voraussetzungen hierfür sind durch die vollständige Online-Erschließung[1] geschaffen.

---

1 Siehe Online-Katalog unter http://www.bibliothek.mainz.de.

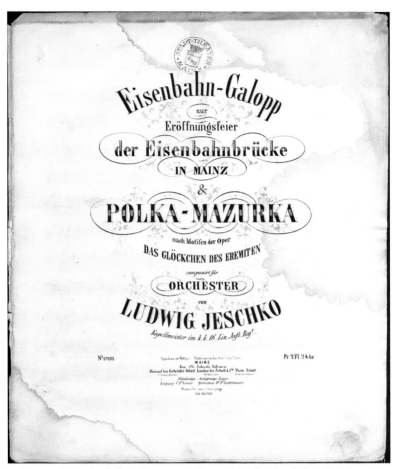

Ludwig Jeschko: *Eisenbahn-Galopp* zur Eröffnungsfeier der Eisenbahnbrücke in Mainz.
Mainz: Schott, 1862. Wissenschaftliche Stadtbibliothek Mainz, ThB Konzertmusik

Die Autorinnen und Autoren:

Reinhard Altenhöner: Abteilungsleiter Informationstechnik der Deutschen Nationalbibliothek

Lars-Erik Bohmbach: Journalist

Dr. Marianne Dörr: Direktorin der Universitätsbibliothek Tübingen

Volker Gallé: Kulturkoordinator der Stadt Worms und Sprecher von Rheinhessen-Kultur

Silja Geisler-Baum: zuständig für Sondersammlungen und digitale Bestände der Stadtbibliothek Mainz

Iris Hartmann: Leiterin der Aus- und Fernleihe der Stadtbibliothek Mainz

Birgit Heinz: Sachgebietsleiterin der Erwerbung der Stadtbibliothek Mainz

Ingrid Holzer: Leiterin des Sachgebiets Rheinland-Pfälzische Bibliographie der Stadtbibliothek Mainz

Lars Jendral: Leiter der Zentralredaktion der Rheinland-Pfälzischen Bibliographie

Regina Kania: zuständig für die Pflichtstelle der Stadtbibliothek Mainz

Wolfhard Klein: Programmchef SWR4 Rheinland-Pfalz

Dr. Barbara Koelges: Referentin für Öffentlichkeitsarbeit des Landesbibliothekszentrums Rheinland-Pfalz

Christian Pfarr: Journalist, Autor, Komponist

Dr. Elmar Rettinger: Projektleiter von *regionalgeschichte.net*

Elmar Schackmann: *dilibri*-Koordinator am Landesbibliothekszentrum Rheinland-Pfalz

Frank Schmidt-Wyk: Redakteur bei der *Allgemeinen Zeitung*

Dr. Ludger Syré: Vorsitzender der AG Regionalbibliographie der Arbeitsgemeinschaft der Regionalbibliotheken im Deutschen Bibliotheksverband